AURORA

Amphitryon

Peter Hacks
Amphitryon

Komödie in drei Akten

Herausgegeben von
Klaus Rek

Kommentierte Werke
in Einzelausgaben

Aurora Verlag

Personen

Jupiter

Merkur

Amphitryon

Sosias

Alkmene

Die Handlung spielt im alten Theben.

Szene ist das Tor zum Hause des Amphitryon. Die Nacht ist eine blaue Gardine, die von oben herabgelassen und bewegt wird. Die Masken der Götter sind golden, die der Menschen von natürlicher Farbe. Jupiter und Merkur, wenn sie sich in Amphitryon und Sosias verwandeln, tragen – über ihren goldenen Masken – Masken, die denen des Amphitryon und des Sosias vollkommen gleichen, aber ebenfalls golden sind. Schwarze Masken machen unsichtbar.

Erster Akt

Jupiter als Amphitryon.

Jupiter Dich, heiliger Herd, Glut unterm Aschenschnee,
Dich, treue Hüterin des heiligen Herds,
Dich, steinern Haus, die Hüterin behütend
Und, Wall von Theben, dich, des Hauses Hut,
Die ich durch Feindes Zorn und schlimme Bosheit   5
Euch lassen mußt, um fester euch zu halten,
Ich grüß euch, Herd, Weib, Haus und Heimat, wieder.
Mißmutig
Das ist ein dummer Text, den sprech ich ungern.

Auftritt Merkur mit einem Merkbüchlein.

Merkur Sie müssen, Herr, sonst geht das Stück nicht los.
Jupiter *nimmt die Amphitryon-Maske ab.*
Welch zopfige Eröffnung. Platte Schnörkel,   10
So krumm gesagt wie simpel ausgedacht.
Was denn, Alkmene, herrschende Tyrannin
In allen meinen Reichen, sollte mehr
Sie wert nicht sein, als wie ein alter Schemel
Da zwischen Herd und Wand geklemmt zu stehn?   15
Merkur Man spricht viel Unsinn, wenns die Sache will.
Amphitryon, o Jupiter, benutzte,
Vier Mal nach Hause aus vier Kriegen kehrend,
Drei Mal davon den Satz, und ohne auch
Der Silben allerärmste abzuändern.   20
Jupiter Drei Mal, gut. Doch, Merkur, beim vierten Mal?

Merkur	Da sagte er statt heilig …
Jupiter	Was?
Merkur	Geweiht.
Jupiter	Ich sprech den Satz.
Merkur	Ja, und, ich bitt mir aus,

Mit beßrer Überzeugung, ohne diesen
Scherzhaften Vorbehalt im Unterton. 25
Denn wenn Sie, um am Ende einzusehn,
Daß Ihre Lust auf jenes Menschen Frau
Doch nicht so stark war, wie Sie jetzt noch glauben,
Sich in den Menschen schon verwandeln müssen,
Dann strengen Sie zum mindesten sich an. 30
Ein Könner pfuscht auch nicht in Nebenwerken.
Vorläufig ähneln Sie Amphitryon,
Wie der Olymp dem Berg des Maulwurfs ähnelt.

Jupiter Gib mir den Helm her und das Kettenhemd.
Seh ich ihm gleich?

Merkur Nicht allzu sehr.

Jupiter Nein, nicht? 35
Schlechte Bewaffnung. Schwer zu schleppen das,
Leicht zu zerhaun. Ich fühl mich unbehaglich.

Merkur Man merkts.

Jupiter Wie, nimm Vernunft an, soll man
merken,
Wie ich mich fühl?
Er setzt die Maske wieder auf.
Das Antlitz zum Verwechseln.

Merkur Kein Kind in Theben würde Sie verwechseln. 40

Jupiter Es ist sein Äußres.

Merkur Und sein Innres nicht.

Jupiter Nein, nein, die Maske ist sehr wirksam. Täuschung
Ist ja so leicht. Was einer von sich zeigt,
Das wird von ihm geglaubt. Ich will ja gar

	Nicht reden viel. Einen guten Tag nur brumm ich,	45
	Streich ihr die Wange und bin schon zu Bett.	
Merkur	O Herr, und wenn Sie ganz den Mund verschlössen,	
	Dummköpfe finden einen klugen Mann,	
	Selbst wenn er schweigt, heraus: am Umstand, daß,	
	Und an dem kalten Blick, womit er schweigt.	50
Jupiter	Wie, ist das so?	
Merkur	Und daß Sie das nicht wissen,	
	Beweist, wie durchaus Sie verschieden sind	
	Von jenen, denen Sie zu gleichen hoffen.	
Jupiter	Ich bin, was sie sind, und bin noch was drüber.	
Merkur	Und was Sie drüber sind, macht das, was ist	55
	Wie sie, zunichte. Schwer verstellt es sich	
	Nach oben, doch nach unten ists unmöglich.	
	Ein Zwerg kann eines Riesen Rock anziehn,	
	Der Riese nicht des Zwergs. Kein Elephant	
	Verbirgt sich hinterm Rücken einer Maus.	60
	So wenig paßt ins Fell von einer Katze	
	Ein Tiger wie ein Gott in Menschenhaut.	
	Denn, Herr, die Kleinen haben von Natur	
	Wittrung und scharfe Nase für das Große,	
	Wie jegliches Geschöpf für seinen Feind.	65
	Und wollen Sie schon für Amphitryon	
	Genommen werden, müssen Sie, es hilft nichts,	
	Im Schrote und im Korn Amphitryon	
	Selbst sein.	
Jupiter	Sehr gut, ich will es. Nun?	
Merkur	Nun was?	
Jupiter	Jetzt bin ich er.	
Merkur	Sie er?	
Jupiter	Ich hab mich eben	70
	In des Amphitryon Gehirn gekleidet.	
Merkur	In sein Gehirn, Herr?	

| Jupiter | Strengstes Maß genommen. |

Merkur Ich find Sie noch nicht ähnlich.

Jupiter   Mann, du willst nicht.

Jedwede Windung nun des Haupts, woraus
Ich zu dir spreche, gleicht in seinem einer.   75
Ich kann nichts denken, nichts empfinden mehr,
Als was durch diese dumpfen, kleinlichen
Kanäle paßt. Auf Griechenehre, nichts.

Merkur Die Griechenehre allfalls war zu brauchen,
Der Rest klang mehr nach Ihnen als nach ihm.   80
Vielleicht genügt nicht das Gehirn, vielleicht
Sträubt sonst sich ein Organ, die hängen alle
Ja irgendwie zusammen, oder?

Jupiter   Jedes
Organ an mir ist wie Amphitryons.

Merkur Jedes?

Jupiter   Jawohl.

Merkur   Und nicht gemogelt?

Jupiter   Nein.   85

Merkur Mehr kann kein Gott, sich zu entgotten, tun.
Beschlossen denn und abgemacht: Sie sind
So sehr Amphitryon, der Feldherr Thebens,
Wie einer irgend kann, der der nicht ist.
Und wenn Sie an die Floskeln nur, die ich,   90
Seit Monaten, auf Ihren Wink hin, vom
Umwölkten Berg das Ohr herniederbeugend,
In dieser Kladde hier zusammenschrieb,
Sich möglichst halten wollen, mag, kann sein,
Der Trug uns durchgehn. Schließlich, wie es liegt,   95
Bedarfs der feinen Züge nicht, es reicht,
Wenn Sie nur keine groben Fehler machen.
Alkmene, wett ich, wird Sie kaum mit all-
zu aufmerksamer Neugier überprüfen,

Sie hält Sie ja für ihren Ehemann.

Alkmene tritt auf das Dach.

Jupiter	Still. Da, Merkur …
Merkur	Da?
Jupiter	Sie. Sie selbst. Alkmene.
Merkur	Herr, ich erblick sie nicht zum ersten Mal.
Jupiter	Ich ja.
Merkur	O Herr, wie könnten Sie die Dame,
	Wenn Sie sie nie betrachtet hätten, lieben?
Jupiter	Wie könnte ich sie lieben, wär mir nicht
	Bei jedem Mal, als seis das erste Mal?
	Ein Wunder, Merkur, läßt sich nicht erinnern.
Merkur	Das ist auch von den Albernheiten eine,
	Die nur im Kopfe eines Liebenden
	Vernunft annehmen, wie den schiefen Krüppel
	Der Zerrspiegel zum graden Mann verzerrt.
	Wahr ist, für eine Menschin ist sie leidlich.
	Doch was Sie dauernd zu den Menschinnen
	Hin treibt, will mir nicht eingehn. Herr, die schicken
	Sich schlecht zu Ihnen. Herr, die sind kein Umgang.
	Herr, wer vollkommen ist wie Sie und ich,
	Hat Grund zu sehn, daß er sich nichts vergibt.
Jupiter	Ich lieb sie aber, diese Menschinnen.
	Die weiße Sorte mit dem fleischigen
	Gesäß und den versteckten Rippen, stiller
	Als wir und froher, müder und mehr wach,
	Uns wenig ähnlich und doch auch nicht fremd,
	Sie macht, daß ich, mich ganz an sie verlierend,
	Nicht ich mehr bin und bin, was ich nicht bin,
	Und also mehr als ich. Sieh diesen Rumpf, Merkur,
	Rund wie von Bein gedreht, schmal wie der Stamm

Zeilennummern am rechten Rand: 105, 110, 115, 120, 125

Der weißen Pappel, und an seinem Ende
Beweglich eingehängt und ringsum schwenkbar
Des Beckens makellose Kugelform.

Merkur Ich sehe, daß sie nett gewachsen ist. 130

Jupiter Wer alle Schönheit kennt und diese nicht,
Kennt keine.

Merkur   Großer Gott.

Jupiter   Ist noch nicht Nacht?

Merkur Kaum Nachmittag.

Jupiter   Ich wollt, es wäre Nacht.

Merkur Sie wollten es? Sie brauchens nur zu wollen.

Jupiter Du dunkle Frist der Liebe, holder Raum 135
Der aufgehörten Geltung der Gesetze,
Halle der Spiele, von den Hälften der
Irdischen Zeit die göttlichere, Nacht,
Senk dich herab.

Die Nacht senkt sich herab.

Alkmene   Schon Nacht? Welch kurzer Tag.
Da mir das Warten auf den Gatten sonst 140
Mit jedem Tag mehr jeden Tag verlängert,
Heut war er milde und entlässet schneller
Als die vor ihm mich in den Trost des Schlafs.

Jupiter Sie sprach.

Merkur   Gewiß.

Jupiter   Der Sinn der Schöpfung liegt
Im Gang des Klangs verborgen ihrer Stimme. 145

Alkmene Mehr elend ist die Frau des Kriegers dran
Als der. Dasselbe Los erwartet sie
Vom Feind, Glück oder Tod, das gleiche Schicksal
Trifft sie wie ihn. Doch wenn er kämpfend sorgt
Für seinen Sieg und Lösung seiner Sache, 150

	Hat sie am Ausgang ihren Anteil nicht
	Und hält nur duldend stand. Mit andern fühlen
	Verdoppelt unsre Freuden oder, Götter,
	Verzehnfacht unser Leid. O wärs vorüber,
	Endlich vorüber und mein Held zurück.

155

Merkur Ihr Auftritt.

Jupiter   Jetzt?

Merkur   So geht es wahrer Liebe,
Sie hört und fühlt und überhört das Stichwort.

Jupiter tritt vor.

Jupiter Dich, heiliger Herd, Glut unterm Aschenschnee,
Dich, treue Hüterin des heiligen Herds,
Dich, steinern Haus, die Hüterin … So fort   160
Und fort und fort, man kennt den Rest. Alkmene!

Alkmene Ein Blitz trifft brennend meine Brust. Wer bist du?

Jupiter Amphitryon.

Alkmene   Du bist Amphitryon?

Jupiter Ich bin dein Gatte, kennst du mich nicht wieder?

Alkmene Nein, Furchtbarer. Bist das du wirklich selbst?   165

Jupiter Willst du mich nicht empfangen?

Alkmene   Gleich. Gleich
                      will ichs.

Jupiter Was schreckt, Alkmene, dich?

Alkmene   Ein Übermaß
An Liebe, das mich wie Entsetzen trifft.
Ich fliege, Liebster, dich ans Herz zu schließen.
Vom Dach ab.

Jupiter Das war geglückt.

Merkur   Doch um ein Haar wärs nicht.   170

Jupiter Sprach ich, was ich nicht sollte?

Merkur   Schwer zu sagen.

Doch scheint hier Vorsicht ratsam, jede Wendung
Kann tödlich wirken, die im Buch nicht steht.

Jupiter Das sind Amphitryons Liebkosungen?

Merkur Sie sind es.

Jupiter   Alle?

Merkur   Alle, die er weiß.   175

Jupiter Du hast geschlafen und schlecht mitgeschrieben.

Merkur Er sagt nicht mehr, weder am Tag noch nachts.

Jupiter Drei Sätze hat er für Alkmene?

Merkur   Drei.

Jupiter Eine kurze Rolle.

Merkur   Ja, und wehe, wenn
Aufrichtigkeit Sie oder Leidenschaft   180
Mißleiteten, durch eigene Erfindung
Die Vorschrift zu verbessern. Nicht das Wahre
Ja wird verstanden, das Gewohnte wirds.

Jupiter So will ich mich denn in den Käfig zwängen
Von diesem Wortschatz. Und aus ihm die Flucht   185
Mir zu verwehren, bleibe, unsichtbar,
Und warne mich, wo ich zu heftig bin.

*Merkur überdeckt die goldene Göttermaske mit einer
schwarzen und wird unsichtbar.*

Merkur Dann leih Sie mir den Donner, Herr. Sobald
Sie einen Seufzer stammeln über das,
Was aus Heroenmund wahrscheinlich klingt,   190
Dann donnre ich.

Jupiter   Das tu, doch sanft.

Merkur   Sehr wohl.

Jupiter Dann hör ich dich und mäßige mich gleich.
Sie kommt. Wo hab ich zu beginnen?

Merkur   Da.

Alkmene kommt aus dem Tore.

Jupiter	Mein edles Lieb …

Er läuft zurück zu Merkur.

                            Mit dem Schmäh drückt er aus,

Was für Alkmene er empfinden muß?   195

Merkur	In vollem Umfang.
Jupiter	Oh, er muß den Satz

Mit einem ungeheuren Timbre würzen.

Merkur	Im Gegenteil, er spricht mit rechtem Kaltsinn.
Jupiter	Ich hab ja, als ich Schwan war, mehr gedurft.

Zu Alkmene

Mein edles Lieb, Kind des Elektryon,   200

Dein frommes Sehnen ist belohnt von oben.

Hier dein Amphitryon ward dir zurück.

Alkmene	Du bist nicht mein Amphitryon.
Jupiter	Nicht deiner?
Alkmene	Du bist ein Gott, der oberste der Götter.
Jupiter	Woher, beim Styx …
Merkur	Nur immer ruhig bleiben, 205

Das auch steht hier im Heft, das sagt sie stets.

Jupiter	Was, zum Amphitryon?
Merkur	Vergaßen Sies?
Alkmene	Denn ist, mein Gatte, nicht wie Jupiter,

Der neu die Welt mir schafft durch sein Erscheinen?

Merkur	Der Satz ja brachte Sie auf die Idee. 210
Alkmene	Doch zürn ich, daß du ungemeldet nahst

Und raubst mir das Vergnügen meiner Pflicht,

Den Herrn des Hauses ehrend zu empfangen

Mit manch gemäßer Anordnung, die Furcht

Verkörpernd, die wir schulden deinem Ruhm.   215

Jupiter	Du mich, Geliebte, ehren, da Natur

Ich muß und alle Griechenheit verklagen,

	Daß sie zwei Schritt weit dir zu gehn erlauben,

Daß sie zwei Schritt weit dir zu gehn erlauben,
Und ungewürdigt deine Herrlichkeit?
Den Kranz des Sieges für Alkmene her. 220

Alkmene Nein, der ist für den Feldherrn.

Jupiter   Ha, den Feldherrn,
Und die Besiegerin des Feldherrn nicht?
Merkur donnert sanft.
Matten her. Läufer. Hunde, seht ihr nicht,
Meine Geliebte kommt. Wollt ihr sie durch
Den Dreck gehn lassen mit den weißen Zehen? 225
Einen roten Teppich her für ihre Füße.

Alkmene Der ist für Herrscherinnen.

Jupiter   Wem sonst dient
Amphitryon, als der sich alle beugen?
Merkur donnert sanft.
Warum, zu Recht getretener Staub, nicht lässest
Du Rosen blühn, was kauert, Winde, ihr 230
In eurer Höhle, statt, vom schwarzen Libyen
Bis zu dem weißen Pol umfegend, die
Des süßen Wohllauts mächtigsten der Vögel
Auf diesen Platz zu werfen? Trübe Sterne,
Reißt die gesunkenen Lider auf, erstrahlt, 235
Girlanden gleich, in fackelnd wildem Brand.
Alkmene gilts, die Einzige, zu feiern.

Alkmene O lästre nicht. Das ist für Göttinnen.

Jupiter Ach, mehr als Göttliche, was die anlangt …
Merkur donnert sehr heftig.
Wie, war etwas?

Merkur   Zu feurig Herr, entschieden. 240

Jupiter Lieben denn Menschen gar nicht?

Merkur   Schon, zu Zeiten,
Doch stets für kurz, es strengt sie furchtbar an.
Und nicht als Liebhaber, begreifen Sie,

Sind Sie verpflichtet, sondern als Gemahl.
Sie sollen glühen, aber nach dem Büchlein. 245

Jupiter *zu Alkmene*

Wohlan, mein Schatz, daß unser Bund sich ganz
Von Leib zu Leib tausch wie von Seel zu Seele:
Es zieht mich sehr ins Bett.

Alkmene   Mann, du sprichst seltsam.

Jupiter Wieso, es steht im Büchlein.

Alkmene   Nie noch sprachst
Du so zu mir.

Jupiter   Merkur, steht es nicht da? 250

Merkur Genau, Herr, Wort um Wort.

Jupiter   Wieso dann seltsam?
Ich schwör, ich sprachs und oft.

Alkmene   Doch heut ists anders.

Jupiter Wie das, mein Weib, dieselben Worte anders?

Alkmene Es sind doch stets dieselben Worte. Anders
Ist, wer sie ausspricht und an welcher Stelle. 255

Jupiter Nun wohl, kein andrer bin ja ich als ich.

Alkmene Und es ist wahr, die Stelle ist verschoben.
Und was mich seltsam dünkte: du versäumtest,
Den Hergang mir der Teleboerschlacht
Vors Aug zu führen erst und deines Siegs. 260

Jupiter Das auch muß sein?

Merkur   Herr, sie hat recht, es muß.

Jupiter In Kürze denn, die ganze Sache war
Wie immer scheußlich oder mehr als immer.

Alkmene Du weigerst mir den Ernst. Die Teleboer,
Räuber der Herden unsres Königs Kreon, 265
Vernichtet weiß ich sie, da du mir lebst.

Jupiter Sie sinds, gewiß, das Schlachtfeld ist sehr schmutzig.

Alkmene Da sie den Krieg gewollt …

Jupiter   Sie wollten keinen.

	Ich zwang sie.	
Alkmene	Ah, sie flohn, du stelltest sie?	

| Jupiter | Sie sandten einen Unterhändler mir, | 270 |

Den ersten Sohn des Königs Pterelaos,
Und boten Stillstand aller Zwietracht an
Und alt und neuen Unrechts Beilegung.
Ich mußte diesen Prinzen glatt ermorden,
Damit es überhaupt zur Schlacht kam. Kind,   275
Es war, ich sags dir, ziemlich ekelhaft.
Im übrigen, natürlich, ich bin Sieger.

Alkmene Und Pterelaos?

Jupiter   Liegt im Blut durch mich.

Alkmene Das Heer, das du zum höchsten Ziel geführt?

Jupiter Ruht, oder was davon nicht vorzog, dort   280
Am höchsten Ziel für dauernd zu verweilen,
In einer Bucht versteckt, unweit von hier,
Und wartet auf das Ende dieser Nacht,
Um seinen Schatten mit der hohen Sonne
Auf Thebens Quai zu werfen, wo ein Opfer   285
Vollzogen wird des Danks an Jupiter
In dessen und des Königs Gegenwart.
Ich aber ging vom Schiff und kam zu dir,
Denn kein Empfang erfreut mich als durch dich,
Und keinem opfern will ich als Alkmene.   290

Alkmene Ich treff bei fremder Laune dich, mein Gatte.

Jupiter Dein Gatte, was? Dein Gatte sitzt an Bord
Und hat den närrischen Befehl erteilt,
Daß keiner Flotte dürf und Boot verlassen
Und Kunde ausstreun von dem Sieg, bevor   295
In aller raschen Heimlichkeit das Opfer
Sei angebahnt nach langgeübtem Brauch.

Alkmene Und wer, wenn nicht mein Gatte, bist dann du?

Jupiter Ich? Dein Geliebter!

Merkur donnert, erst zart, dann, da sich Jupiter nicht
unterbrechen läßt, mit zunehmender Lautstärke.

                                   … der sich wenig schert
Um jenes Gatten Vorschreibung, ihn einen   300
Grämlichen, jungen Lederschädel nennt
Und ihn am liebsten in das Feuer schmisse,
Durch das für dich, mein Herz, er gehen will.

Alkmene   Du warst gelassener sonst.

Jupiter   Dein Gatte wars.
Gelassenheit, mir tief verächtlich, zeigt   305
Nur eins: wie wenig da zu lassen war.
Das steinerne Gesicht verbirgt ja nichts.
Das sich im Zaume halten läßt, das Pferd,
Es ist halt ein Klepper. O wie hasse ich
Die kleine Lüsternheit unwerter Männer,   310
Welche mit einigem Stürmen heute auf
Unwerte Fraun eindringen. Was nicht ausgibt,
Wirf fort. Schluß mit der Restewirtschaft. Kleine
Portionen stinken. Mir stinkt überhaupt schon
Zu viel hier. Komm zu Bett, Geliebte.

Alkmene   Ja.   315

Jupiter   Wo willst du es?

Alkmene   Wo will ich was, Geliebter?

Jupiter   Das Bett, Alkmene. Willst du mit mir liegen
Auf Idas braun und rauhgedörrter Weide,
In Diktes Grotte gischtumsprüht, mit feuer-
farbnem Gewölk vorm Zephir rasend? Wo   320
In dieser Welt willst du das Bett?

Alkmene   Im Bett.

Jupiter   Gut, nehmen wir die Welt ins Bett mit uns.
Ich will dir Liebe machen …
Merkurs Donnern übertönt Jupiters Stimme, übrig bleibt
die Leidenschaft seiner Gebärde. Einige Säulen bersten.

Jupiter geht mit Alkmene ins Haus.

Merkur *allein, nimmt die schwarze Maske ab.*

Ich bin nur froh, daß mein Teil abgetan
An dem Geschäft ist, dem mein Beifall mangelt.   325
Wir Götter, mein ich, sollten auf uns halten
Und nicht durch Lust an niederen Vergnügen
Ein Niedres in uns ahnen lassen, das,
Unsrer Natur nach, nicht in uns sein kann.
Ich weiß mich gern vollkommen. Er sich ungern?   330
Ist ers am End in minderm Grad als ich?
Wie auch, fort will ich zu den reinen Formen.
Jupiter auf dem Dach.

Jupiter Merkur.

Merkur   Ja, Herr.

Jupiter   Ich sehe dort vom Strand
Den klippigen Pfad hoch den Sosias tappen,
Den Philosophen des Amphitryon,   335
Der durch das Dunkel, das mein Aug durchdringt,
Nicht seins, gesandt ist, seinen Herrn zu melden.

Merkur Den Philosophen? Warum schickt der Feldherr
Keinen gemeinen Sklaven durch die Nacht?

Jupiter Einen gemeinen Sklaven, glaubst du, den   340
Behandelte er so?

Merkur   Wie, warum hält er
Den Sklaven besser als den Weisheitsfreund?

Jupiter Weil er zur Not vermag, sich vorzustellen
Ein Unglück, das ihn stieß in Sklaverei,
Doch keins, das ihn zum Philosophen macht.   345
Jetzt frag nicht dauernd, hör. Diesen Sosias,
Daß seine Botschaft nicht zum Hindernis
Werd meiner Liebe, sollst, indem du seine
Gestalt annimmst wie ich die seines Herrn,
Du mir mit Täuschungskunst vom Tor vertreiben.   350

Merkur	Was für ein böser Auftrag das schon wieder.
	Erst lassen Sie mich donnern.
Jupiter	Was, dich donnern?
	Hast du gedonnert?
Merkur	Wollen Sie behaupten,
	Sie hätten mich nicht donnern hören?
Jupiter	Nein.
Merkur	Ich hab gedonnert, und Sie wissen, Herr,

Merkur Was für ein böser Auftrag das schon wieder.
Erst lassen Sie mich donnern.

Jupiter   Was, dich donnern?
Hast du gedonnert?

Merkur   Wollen Sie behaupten,
Sie hätten mich nicht donnern hören?

Jupiter   Nein.

Merkur Ich hab gedonnert, und Sie wissen, Herr,   355
Daß das mir ungewohnte Arbeit ist.
Wie wenn der tiefste Kern der Erde krachend
Sich auftät unter dem ägäischen Meer,
Und all das Wasser stürzte da hinein
Als Wasserfall und stieg empor, vom innern   360
Feuer zerdehnt, als Wolke, und die würd
Von einem ungeheuern Blitz von nie
Gesehner Länge dann zerschnitten, so
Hab ich gedonnert.

Jupiter   Sprich, Alkmene, hörtest
Du ein Gewitter?

Alkmene *von innen*   Ein Gewitter? Nein.   365

Jupiter Ein Brüllen, Toben, Lärm des Elements?

Alkmene Ich hörte nur dein süßes Flüstern.

Jupiter   Da.
Schwatz nicht, geh ab und tu, wie dir gesagt ist.

Er geht ins Haus, Merkur ab. Auftritt Sosias, er lacht laut.

Sosias Was lach ich, hier mit mir alleine, fern
Von menschlicher Gesellschaft? Eben drum!   370
Gelt, das war spitz; so scherzen Kenner. Aber
Verflucht die Stunde, da ich meinen Herrn
Amphitryon zum Philosophen machte.
Hören Sie das. Er ruft nach einem Sklaven,

Als Boten den nach Theben zu benutzen, ³⁷⁵
Da fällt mit einmal, der Nachmittagsonne
Den zugemessenen Teil der Stunden raubend,
Eine Frühgeburt von Nacht ein, Nacht so schwarz,
Daß sie die winterlichste von den Nächten
Zum Papagei macht. Diese da.
Zeigt zum Schnürboden   Da hängt sie. ³⁸⁰
Ich denk mir noch nicht viel und leg mich nieder,
Indem so winkt der Feldherr. Alter, sagt er,
Hast du mir nicht bedeutet, Dunkelheit
Sei dunkler nicht als helles Tageslicht?
Das hab ich, sag ich. Deine Gründe? fragt er. ³⁸⁵
Vorerst, versetz ich, Ihre Gegengründe.
Bei Nacht, sagt er, erkennt man von den Dingen
Nicht Form noch Ton. Ich: und am Tag? Ein Berg ist
Früh blau, ist mittags gelb und abends purpurn,
Sein Bild scheint rund von oben, spitz von vorn. ³⁹⁰
Gut, sagt er, doch bei Nacht läßt, was geschehn will,
Sich nicht vorhersehn, alles Übel trifft
Uns überraschend. Ich drauf: und am Tag?
Der fallende Felsen, Biß des Wurms, Verrat
Des Bruders, zeigen die sich an bei Sonne? ³⁹⁵
Jedoch am Tag – das spricht nun wieder er –
Fühlt sich der Mensch im tiefsten Herzen wohl.
Da war ich obenauf: der Mensch als Mensch,
Wo er sich wohl fühlt, irrt; was folgt? ihm kann
Bei Tag nicht wohler sein als bei der Nacht. ⁴⁰⁰
Wenn Weisheit mit dem Schlimmsten rechnen heißt,
Hängt Weisheit nicht von der Beleuchtung ab;
Die Sehkraft ist die hoffärtige Form
Der Blindheit, Licht heuchelnde Finsternis,
Und gleich viel Grund zur Furcht birgt Tag wie Nacht. ⁴⁰⁵
Und nun, hören Sie das, Amphitryon:

Ich beuge mich, Sosias, deinem Schluß
Und werde dich statt jenes Ungelehrten
Durch die dir helle Nacht nach Theben schicken.

Merkur, gekleidet wie Sosias.

Merkur Ward je ein Gott gekränkt durch solches Kleid?   410
Ich wußte, daß der Mensch ein Staubkorn ist,
Doch muß der Staub so stauben? Ha, dort lungert
Das Ungetüm, dem ich soll Doppel sein.

Sosias Ich stolpere los, versuch, den Weg zu halten,
Der zwischen schroffem Karstgestein sich würmt,   415
Und, leider, es gelingt mir, denn sofort
Stoß ich den Kopf an einer Merkurssäule
Und seh daran, wozu der Weggott taugt.

Merkur Das hast du nicht gesehen, aber wirst es.

Sosias Hiernach verlier ich allen Sinn und Richtung   420
Und krieche mehr als daß ich geh, die Hände
Zerschrammt von Muscheln, unter Knie und Fuß
Rollende Pinienäpfel, blind nach oben.
Nun komm ich hier zum Stehn. Wo, weiß ich nicht.

Merkur Dort, wo du lieber nie gestanden hättest.   425

Sosias Es ist auch gleich. Wer weiß schon, wo er steht.
Und daß man selten etwas weiß, zu wissen,
Ist wahrem Wissen noch am meisten ähnlich.
Kann ich denn sagen, ob, hätt ich mein Bett
Niemals verlassen, ich jetzt besser dran wär?   430
Sehr möglich, daß, und justament in dem
Zusammenhang der Ursachen, wo ich
Im Schiff geblieben wär, ein Krake es
Verschlungen hätt mit Mann und Maus und mir.
So bin ich stark aus Gleichmut, ruhevoll   435
Durch Weltweisheit, und überlaß den Narren,

In Wallung zu geraten an der Galle,
Bis sie das Aug verdrehn, mit Zähnen knirschen
Und vor Erregung ihren Hut zerfetzen.

Merkur Gleichmut ist Vorrecht, Sohn des Staubs, der Götter. 440
Indem ich dir den nehm, lenk ich den Ärger
Nach unten ab, den man mir oben schuf,
Hab für den Schimpf, dir gleichzusehen, Rache
Und etwas Spaß bei der verhaßten Pflicht.
Ich werde dich mit dem Beweis, daß ich, 445
Nicht du, du bin, zu solcher Tollheit reizen,
Daß du den schäbigen Hut vom Kopf dir zerrst,
Zitternd in Händen drehst, zerknüllst und endlich
Vom Rand her in zwei Hälften reißt. Ans Werk.
Er setzt die Sosias-Maske auf und tritt ins offene Tor.

Sosias Unheimlich hier. Ja so, ich bin daheim. 450
Hier steht des Hauses Tor, ich geh hindurch.
Stößt auf Merkur, geht zurück.
Was schlurft da für ein stummer Mensch herum?
Ein wahres Scheusal. Selten vor mir sah
Ich etwas so Herabgekommenes.
*Er geht wieder zu Merkur, Merkur ahmt seine Bewegungen
nach.*
Ich dacht es mir, es ist mein Spiegelbild. 455
Der Bursche ist kein andrer als Sosias,
Vom glatten Erz des Tors zurückgeworfen.
Sie treiben ein paar Lazzi. Sosias, mißtrauisch
Der Spiegel ist beschlagen.
*Er haucht Merkur an, der taumelt. Merkur kommt wieder
hoch, haucht Sosias an, der taumelt. Er kommt wieder hoch,
hebt – kopiert von Merkur – den Saum seines Mantels und
wischt die nicht vorhandene Scheibe. Dann betrachtet er
Merkur ganz von nahem.*
                    Sollte ich

	So schändlich aussehn?	
Merkur	Noch viel schändlicher.	
Sosias	Pst.	
Merkur	Wie ein Müllhaufen.	
Sosias	*blickt immer um sich* Wer sprach da?	
Merkur	Ich.	460
Sosias	Pst, Spiegel, schweig und schwatz mir nicht	
	dazwischen.	
	Ich will vernehmen, wer da eben sprach.	
Merkur	Ich, sag ich.	
Sosias	Was, der Spiegel redet?	
Merkur	Spiegel,	
	Weiser Sosias, können doch nicht reden.	
Sosias	Das dacht ich, doch mir schien, als sprächest du.	465
Merkur	Gewiß, und zwar, daß du so garstig bist,	
	Daß nicht einmal dein eignes Spiegelbild	
	Das Ausmaß deiner Garstigkeit erreicht.	
Sosias	Das hab ich nicht verstanden.	
Merkur	Nicht, weshalb?	
Sosias	Die schwarze Nacht färbt heut die Reden dunkel.	470
Merkur	So hol ich eine Lampe für dein Ohr. *Ab.*	
Sosias	Von wegen Spiegel, der. Ein fremder Gammler.	
	Wie man sich irrt, ich nahm ihn fast für mich.	

Merkur, mit Laterne.

Merkur	Nun, sehn Sie, ob ich Ihnen ähnlich bin.	
Sosias	Was, nicht mein Spiegelbild und doch mein Bild?	475
	Verwünschtes Licht, wie schmäh ich dich zu Recht,	
	Erst Helligkeit macht ganz die Dinge unklar.	
	Nein, nein, mein Herr, da ist nichts dran. Um mir	
	Sich zu vergleichen, sind Sie viel zu schmutzig.	
Merkur	Wirklich, ich wollt, Sie badeten mehr warm.	480

Sosias   Baden, wie geht das?

Merkur   Mensch, du lässest füllen
Den Trog, aus einem Marmorblock gehaun,
Der Salbenmeister fügt das Duftöl bei,
Und Sklavinnen mit milden Fingern reiben
Den blanken, feucht erwärmten Leib dir ab.   485

Sosias   Das kann ich mir nicht leisten, Herr, und weil
Ichs mir nicht leisten kann, ergab ich mich
Der Wissenschaft der Ethik, die mich lehrt,
Daß dies sehr eitel sei. Hier, Ihre Hand,
Das ist nicht meine, die ist viel zu rot.   490
Er vergleicht seine und Merkurs Glieder, immer die Laterne
dazuhaltend.
Ich räume ein, die meine ists nicht minder.
Der Arm ist dürr, nun, lassen wir ihn gelten.
Aber das Bein, das Bein ist doch zu krumm,
So krumme hab ich nicht. Was, oder doch?
Ja, ekelhaft, wie einer ausschaut, wenn er   495
Sich ohne Freundschaft sieht und Vorurteil.
Mein Bein, sobald ihm das gewinnende
»Mein« davor fehlt, ist ein sehr krummes Bein.

Merkur   Nun, sind Sie überzeugt?

Sosias   Ich muß gestehn,
Man könnte Sie für den Sosias halten.   500

Merkur   Ich bin Sosias.

Sosias   Wer?

Merkur   Amphitryons
Gehöftverwalter, Wörterbuch und Hund,
Sprößling des Davus, Vater der Vernunft,
Der hochberühmte So-si-as.

Sosias   Sie wären
Sosias?

Merkur   Ja.

| Sosias | Der Philosoph Sosias? | 505 |

| Merkur | Derselbe. |

Sosias *schüttelt ihm die Hand.*

Armer Mann, mein Mitgefühl.
Ein zwiefach untröstbares Jammerlos,
Ein Philosoph sein und Sosias sein.
Merkur reißt sich den Hut herunter.
So bleiben Sie bedeckt.

Merkur *setzt den Hut wieder auf.*

Sie glauben mir?

Sosias Recht gern.

Merkur   Daß ich Sosias sei?

Sosias   Gewiß.

Merkur Kein Sträuben hilft, ich bin es.

Sosias   Aber doch.

Merkur Sie können gern mich auf die Probe stellen.

Sosias Geschenkt.

Merkur *reißt sich den Hut ab.*

Ich will es nicht geschenkt.
Ich wills erkämpft, errungen, ausgefochten.

Sosias Gut, aber bleiben Sie bedeckt, und wie?

Merkur Sie fragen mich, was nur Sosias weiß.

Sosias Das wäre?

Merkur   Die vertraute Kunde, welche
Amphitryon mir auftrug an Alkmene.

Sosias Wem, Ihnen?

Merkur   Mir, Sosias.

Sosias   Richtig. Nun?

Merkur Der Meldung Inhalt war: Alkmene mög
Zum Hafen morgen gehn mit dem Gesinde,
Das Heer zu grüßen und dem Gott zu danken;
Sie selber – denn sich zu erinnern sei
Nun Zeit und nicht mehr zu verleugnen, daß

Amphitryon ... daß er, ja was?

Sosias   Von Troizen   525
Vertrieben zwar ...

Merkur   Sie habens, Herr. Vertrieben
Zwar sei, doch immer noch von dem der Fürst –
In königlichem Purpur, Volk und Mägde
Aber in weiß.

Sosias   Stimmt haargenau.

Merkur   Es folgt,
Ich bin Sosias.

Sosias   Nein, Herr, das folgt nicht.   530

Merkur Wer anders sollte hiervon Kenntnis haben?

Sosias Ein jeder, der die Unterredung zwischen
Sosias und Amphitryon belauscht
Und sich, mit einer Lampe, auf den Weg
Hierher gemacht, der nicht an sich, der nur   535
Durch Nacht lang ist. Wo lag jetzt der Beweis?

Merkur Dann einen zweiten. Ich beschreibe Ihnen
Sosias' Seele, wie nur er sie fühlt.

Sosias Das macht mich wundern. Was für einer ist er?

Merkur Er ist ein Mensch von halbem Witz.

Sosias   Wie das?   540

Merkur Sein ganzer Witz, durch Eitelkeit verdoppelt,
Wird wiederum geviertelt dann durch Furcht.

Sosias Auch den Beweis eracht ich als verunglückt.

Merkur Wie, malte ich sein Wesen nicht genau?

Sosias Ja, so genau, wie er es selbst nicht täte,   545
Sie kennen ihn zu gut, um er zu sein.

Merkur Ein dritter ...

Sosias   Ach, mein Freund, Sie sind dogmatisch.
Wozu Beweise? Schlüssig oder nicht,
Ich geb nichts drauf, und ich vertraue Ihnen.
Merkur dreht den Hut in den Händen.

	Vorsicht, der Hut. Sie sind mein andres Ich. 550
Merkur	Ihr Ich, ich?
Sosias	Sie. War das nicht, was Sie sprachen?
Merkur	Durchaus nicht, Herr. Kein Wort von Ihrem Ich.
	Ich sprach: Ich bin Sosias.
Sosias	Ja, gleich mir.
Merkur	Was, der zu sein erheben Sie den Anspruch?
Sosias	Ich bin der Turm des Geists, auf den man blickt, 555
	Wo immer Menschen von Bedeutung leben,
	In allen Schulen und Akademien.
	Die Tricks und Täuschungen der Welt durchschauend,
	Schuf ich Gedanken, die nun jeder denkt,
	In meiner Lehre der Gemütsausgleichung, 560
	Die, kurz gefaßt, besagt: Verlange, willst
	Dem Irrtum du entgehn, nach Wahrheit nimmer,
	Des Forschens Ende ist, daß man es läßt,
	Erkenntnis muß den Rang sich aberkennen;
	Denn zweifellos ist alles zweifelhaft. – 565
	Ich bin Sosias.
Merkur	Halt, das wird bestritten.
Sosias	Sehr schön, dann bin ichs nicht. Zerknüllen Sie
	Nicht Ihren teuren Hut. Sie sind erregt.
Merkur	Sie legen keinen Wert auf Ihren Namen?
Sosias	Sind Namen Dinge?
Merkur	Keinen auf Ihr Dasein? 570
Sosias	Es ist kein beneidenswertes.
Merkur	Nein, ich glaub
	Das nicht, das Unglaubhafte, daß Sie glauben,
	Daß Sie ganz weg sind und nicht Sie und niemand.
Sosias	Still, still! So wenig Gleichmaß in der Stimme
	Ziemt keinem Philosophen.
Merkur	Hören Sie! 575

Sosias	Wenn Sie, mein werter Herr, Sosias sind,
	So liegt doch nahe, daß nicht ich es bin.
	Ich eile also rasch zum Schiff zurück
	Und will nur erst noch ein paar Stündchen rasten.
	Legt sich hin.
Merkur	Was, Mensch, Sie finden Schlaf, hier und nach dem? 580
Sosias	Ich decke mich mit meinem Ofen zu.
Merkur	Mit was?
Sosias	Mit meinem Regenschirm.
Merkur	Sie meinen,
	Mit Ihrem Mantel?
Sosias	Der sich ferner noch
	Bettdecke nennt, Gezelt und Sonnendach,
	Wie auch mein Quersack viele Namen trägt: 585
	Schrank, Küche, Keller, Sessel, Schlummerkissen;
	Mein Wachmann aber gegen Raub heißt Armut.
	So bin ich gut beholfen, wo ich bin.
	Und eine schöne Nacht denn, Herr Sosias,
	Und stets gefaßt, stets unverdrossen, gelt? 590
	Der Weisheit Krone ist die Seelenruhe.
	Er schläft. Merkur zerreißt seinen Hut, geht hinein und
	schlägt das Tor zu.

Zweiter Akt

Schiff. Amphitryon, Sosias.

Amphitryon Wie das, du kehrst, und ungeheißen, wieder
Von dort, wo jeder hier im Geist schon weilt?
Focht dich was an? Sahst du was ungern? Trafst
Du was im argen, anders als es soll? 595
Nun? Nun?

Sosias   In einem Satze, Herr?

Amphitryon   In einem.

Sosias Ich war zu Haus, und alles steht sehr wohl.

Amphitryon Das macht die Frist mir bis zum Morgen leicht.
Durch ein Sprachrohr
Befehl des Feldherrn. Wer von welchem Rang
Sein Schiff verläßt und rührt an Thebens Boden 600
Vor Thebens meerdurchpflügender Armada,
Wenn sie in feierlicher Ordnung nach
Dem Ende einläuft dieser letzten Nacht, –
Für sich
Die zwar auch mir sich dehnt und, meines Innern
Ablauf zufolg, schon zwanzig Stunden dauert, 605
Da ich doch messen kann an Stern und Berg,
Wie um kein Haar sie von der Stelle rückt, –
Durchs Sprachrohr
Des Ungehorsam und Vereinzelung wird
Von mir, Amphitryon, bestraft nach Kriegsrecht.
Zu Sosias
Die Schufte alle drängts ins Schlafgemach, 610
Aus Liebe vorgeblich, in Wahrheit, weil

Sie ihre Weiber überraschen wollen
Bei einem Abschied, viel zusammenfassend;
Denn mancher Tapfre, wenn er heim sich wendet,
Ist kaum willkommner als im Feindesland. 615
Er lacht.
Nicht Neigung, Furcht ist, was sie mächtig zieht,
Zur feilen Gattin den entnervten Gatten.
Er lacht.
Nun denn, berichte.

Sosias   Der Bericht war fertig.

Amphitryon Was sprach Alkmene, als von meinem Glanze
Du ihr den Vorschmack brachtest?

Sosias   Ja, was sprach sie? 620
Mut, Mann, was kann sie schon gesprochen haben.
Ich schmeichle ihm und dick, dann glaubt er mir.
Laut
Sie sprach: gib, o Sosias, acht, daß meines
Jetzt hochberühmten Gatten Name nicht
Beginn, genannt zu werden vor dem deinen. 625

Amphitryon Das lügst du, Frechling. *Schlägt ihn.*

Sosias   Wie, er kam dahinter?
Die Schmeichelei war freilich überdick.

Amphitryon Die Wahrheit, Hund, von vorn. Als du zum Haus
                                                    kamst …

Sosias Die Wahrheit. Bitte. Aber, Herr, Sie werden
Sich doch ja wundern nur.

Amphitryon   Als du zum Haus kamst … 630

Sosias Nun denn: Als ich zum Haus kam, war ich dort.

Amphitryon Was wäre hieran so verwunderlich?

Sosias Sehr gut gefragt. Ich wollte aber sagen:
Eh ich zum Haus noch kam, war ich schon dort.

Amphitryon Wie weißt du, wer dort, eh du dort warst, war? 635

Sosias Noch immer besser, Herr. Sie fragen wie

Ein Philosoph, ich rede wie ein Laie.
Also genau jetzt und unmißverständlich:
Als ich zum Haus kam, traf ich dort …

Amphitryon   Wen?

Sosias   Mich.

Amphitryon Du dich?

Sosias   Ich mich. Doch dem folgt, daß mein
                                                  Nicht-Ich   640
Mein Ich ist und mein Ich, das folgt nun dem,
Geendet hat, mein Nicht-Nicht-Ich zu sein.

Amphitryon Verfluchter Wortentkerner. *Schlägt ihn.*

Sosias   Herr, Sie schlugen
Vorhin mich.

Amphitryon   Ja.

Sosias   Wofür da?

Amphitryon   Für die Lüge.

Sosias Und wofür jetzt?

Amphitryon   Für die Philosophie.   645

Sosias Was wollen Sie?

Amphitryon   Die schlicht und simple Wahrheit.

Sosias Ach, wollen Sie doch nicht, was es nicht gibt.
Es gibt die Lüge, die nicht stimmt und die man
Versteht, und die Philosophie, die stimmt
Und die man nicht versteht. Die Wahrheit, Herr,   650
Hat außer diesen beiden keine Form,
Insonders keine schlichte oder simple.
Und besser wär, Sie ließen alles ruhn
Und fragten nicht. Wozu denn immer fragen?

Amphitryon Oho, wer fragt, kriegt Antwort.

Sosias   Falsch. Wer fragt,   655
Kriegt neue Fragen. Und mehr schmerzlich als
Wunden im Fleisch sind Fragen im Gemüt.
Drum gilt für weise, der nichts wissen will.

Amphitryon schlägt ihn.

Nun ja, das hatte ich erwartet, Schläge.
Herr, schlagen Sie, es überrascht mich nicht   660
Und fügt sich schlüssig in mein Bild der Welt.

Amphitryon Ich will dich nicht mehr schlagen, auf mein Wort.
Ich will in Kürze nur die Lage wissen.

Sosias Die Lage kurz: ich bin nicht mehr Sosias.

Amphitryon Was soll mir das, ich weiß, daß du der bist.   665

Sosias Bestehn Sie auf dem Punkt?

Amphitryon   Ja.

Sosias   Gut, mir recht.
Dann bin ichs wieder.

Amphitryon   Dank den Himmlischen.

Sosias Nun meinen Sie, das macht die Dinge einfach.
Es macht sie nur verwickelter. Wenn ich
Sosias bin, so bin ichs dort und hier,   670
Weil ich im Haus so lebhaft als im Schiff
Und schlaf mir oben, hoffentlich, den Zorn aus,
Mit dem Ihr stumpfes Hirn mich unten füllt.

Amphitryon *hält sich die Ohren zu* O! o! o!

Sosias *redet zu dem Mastbaum*
Nicht staunen, Lieber. Alles auf der Welt
Ist möglich und von allem, das nie war,   675
Nichts, was nicht sein wird, wenn die Zeit nicht
                                                    ausgeht.

Amphitryon Was sprichst du zu dem Mastbaum, Mensch?

Sosias   Ich üb
Mich in der Kunst des Nichtvernommenwerdens.

Amphitryon Erzähl und achte du auf deine Worte.

Sosias Ich wills, doch achten Sie auf Ihre Hand.   680

Amphitryon Ich schwor, dich nicht zu schlagen.

Sosias   Herr, ich stieß,
Nach mancher Unbill, die ein andermal

Sich noch erörtern läßt, auf unsre Villa,
Wo ich im Eingang den Sosias traf
Und schon der Kunde kundig, die ich erst   685
Zu bringen kam. Und da ich also dort
Mich fand und, was zu melden war, gemeldet,
Sah ich zu bleiben keinen Zweck für mich
Und ging.

Amphitryon   So warst du gar nicht bei Alkmene?

Sosias Ich wars, nach dem, was ich von mir erfuhr,   690
Doch hab ichs freilich nur vom Hörensagen.

Amphitryon Mein Wille ist zerfasert. Raserei
Droht wie der Löwe aus dem mürben Netz
Aus mir zu brechen. In dem Unsinn da,
Dem greisenhaften, nichts bedeutenden,   695
Wähn ich, als spräch es immer höhnisch mit,
Ein Schauderhaftes zu vernehmen. Wird es
Denn nimmer Tag? Die Zeichen stehn des Himmels
Wie angenagelt.

Sosias   Herr.

Amphitryon   Was willst du noch?

Sosias Der Weisheit Krone ist die Seelenruhe.   700

Amphitryon *schlägt ihn heftig, sagt dann*
Ich muß zu meinem Hause oder bersten.

*Vor dem Hause des Amphitryon stehen Jupiter und
Alkmene, einander umarmend. Amphitryon und Sosias,
auf dem Weg.*

Amphitryon Dort steht es, oder täuscht mein Wunsch den Blick?
Noch unklar hebt sich von dem Schattengrund
Der Umriß ab, der wenig dunklere,
Sich halb in den noch mischend. Nein, nun festigt   705
Sich die vertraute Form. Es ist mein Haus,

Das unverändert steht, jetzt da ich heimkomm,
So wie es, als ich von ihm ausging, stand.
Aus welchem Grund, Sosias, setzest du
Dich auf den Fels und folgst mir nicht und seufzest? 710

Sosias Aus Gründen, Herr. Vorerst, das hohe Alter
Hat mich mehr abgenutzt als abgehärtet.
Zum andern stieg den Weg ich heut schon öfter.
Und drittens macht die Hirnverbranntheit mich
Von einem Menschen krank, der glaubt, es sei 715
Ein Ding der Erde in dem Zustand wieder
Zu finden möglich, drin man es verließ.

Amphitryon Auf, Mensch, und seufze nicht.

Sosias   Sogleich, sogleich.

Jupiter Geliebte, mählich nun vergeht die Nacht.
Die Nacht geht eilig ab. Jupiter zur Nacht
Ich sagte: mählich.
Die Nacht kommt wieder. Jupiter zu Alkmene
                    Laß den Abschied uns 720
Nach ihrer stillen Weise sanft vollziehn.
Sie hastet nicht. Unmerklich nimmt die Sohle
Von ihrem Fuß der Perlen Färbung an,
Und weich ausströmend löst ihr süßes Dunkel
In unserm Fleisch sich und dem Morgen auf. 725
Zur Nacht
Kapiert?
Die Nacht geht sehr langsam ab.

Alkmene   Ich dank dir, liebe Nacht, daß länger
Du mir zu weilen schienst, als Nächte können,
Und fast mich glauben machst, du habst für mich
Mein schönstes Glück dem Helios gestohlen
Wie ich den Liebsten mir aus Kreons Heer. 730
Ich sehne mich an diesem Rand der Ändrung,

Da ich mich noch von euch, die ihr nun flieht,
Umfangen fühle, schon nach eurer Rückkehr,
O meine Nacht du und o du, mein Held.

Jupiter   Du siehst uns bald. Bis dahin ruh und träume.   735
Alkmene   Ja, träumen will ich. Ruhen nicht. Denn denke,
Nach dieser längst und wachesten und un-
begreiflichsten der Nächte bin ich noch
Nicht matt. Ist das nicht sonderbar?

Jupiter   Nein.
Alkmene   Geh.

Jupiter nach rechts ab.

Amphitryon   *auf dem Weg*
Es dämmert. Jetzt. Verdammt, jetzt heißt es sputen.   740
Wenn des Gebirges Kamm, auf dessen Schräge
Vor uns der Mond herabrollt, bald die Sonne
Wird überklommen haben und die Felsbucht
Gefüllt zugleich mit Thebens Ankerstätte,
Bin ich verloren, wo uneingeschifft.   745
Wer da?

Sosias   Es ist die Frau, Herr.
Amphitryon   Was, so zeitig?
Wie muß ich ihr heut nacht gemangelt haben.
Er beeilt sich.

Alkmene   *immer nach rechts Jupiter nachblickend*
Daß Trennung Freund, Gewöhnung Feind der Liebe,
Fand mächtig ich erprobt. Mein eigener Gatte,
Er nahm mich liebend wahr mit allen Sinnen   750
Wie eine, die ihm neu wär, und als ob
Er mich nicht kennte. Er belauschte mich,
Und jedes Gurren speiste ihn mit Lust.
Er zog meine Gerüche ein, und sorgsam

Ließ er das Urteil sich der Nase vom 755
Geschmack bekräftigen. Er sah mich an
Aus vielen Winkeln, und ihn faßten Schauer,
Und seinen Leib an meinen werfend, riß
Die dankerfüllten Spenden meiner Haut
In alle Schleusen er der seinigen. 760
Sehr anders ging dies alles zu als sonst,
Da zwischen ihm und mir die einzige
Verbindung ein paar gute Worte waren,
Und was denn eben unerläßlich ist.
O großer Jupiter! wenn du ein Mal 765
Die Ehe auch zu schützen bist geneigt,
Erhalte, bet ich, den Amphitryon
Mir als den andern, der er heute war.
Stimme des Amphitryon, von links.

Amphitryon Dich, heiliger Herd, Glut unterm Aschenschnee,
Dich, treue Hüterin des heiligen Herds, 770
Dich, steinern Haus, die Hüterin behütend,
Und, Wall von Theben, dich, des Hauses Hut,
Die ich durch Feindes Zorn und schlimme Bosheit
Euch lassen mußt, um fester euch zu halten,
Ich grüß euch, Herd, Weib, Haus und Heimat, wieder. 775

Alkmene Wie denn, erschafft sich Liebe, auch in diesem
Der Narrheit ähnlich, ihren Gegenstand
Und hör den Liebsten ich, wo er nicht ist?

Auftritt Amphitryon.

Amphitryon **Alkmene.**

Alkmene *fährt herum*

       Teurer Laut. Amphitryon.
Du bists und wirklich und mir schon zurück. 780

Amphitryon **Schon, sagst du?**

Alkmene	Mehr ja durft ich hoffen nicht,

Alkmene   Mehr ja durft ich hoffen nicht,
Als erst am Mittag und vor vielem Volk,
Entfernt durch Sitte, wieder dich zu sehn.
Du Göttergleicher, wie unendlich lang
Vermißt ich dich.

Amphitryon   Und wie, mein Weib, ich dich,   785
Weshalb ich vorher noch dich grüßen wollte.

Alkmene Du mußtest, Mann. Denn als du von mir gingst,
Warf zaubernd ich ein Seil dir über, dehnbar,
Doch nicht zerreißbar, und je mehr du wichest,
Um so viel stärker zog es dich zu mir.   790

Amphitryon Jetzt bin ich bei dir.

Kommt Sosias.

Sosias   Jetzt ist er bei ihr
Und sie bei ihm, was ist daraus zu schließen?
Jetzt sind sie bei einander. Wichtigkeit.

Amphitryon So höre, knapp gedrängt, denn keine Zeit
Mehr bleibt als für das Nötigste, was ich,   795
Um deiner Liebe wert zu sein, getan.

Alkmene O süßer Inhalt meines Wohlbehagens,
An keine Tat, die du für mich getan,
Muß ich mit Worten erst erinnert werden.

Amphitryon Den Hergang will ich melden meines Siegs.   800

Alkmene Wie ich von dir besiegt bin, spür ich noch.

Amphitryon Des Sieges nämlich über Teleboa.

Alkmene O ja, sprich von den ernstern Taten mir,
Die, unsichtbare Lorbeerblätter, deine
Seele bekränzen. Zeig mir Blatt für Blatt.   805

Amphitryon So mal dir Teleboas Ebene aus.
Die Heere stehn des Feinds und unsres, beide
Schilde und Lanzen schwingend, nämlich jedes

Zu leben so entschlossen wie zu töten,
Sich gegenüber, und auf einem Hügel,   810
Zu dem gelegen, drauf ich fuße, als
Sein Spiegelbild, der Recke Pterelaos.
Ich aber hob den Arm und rief zum Angriff.

Alkmene Nein, fang von vorne an.

Amphitryon   Von vorn, wo sonst?

Alkmene Ich meine, wie es kam zu dieser Schlacht.   815

Amphitryon Wie es zu jeder kommt. Sie findet statt.

Alkmene Sie könnt es doch auch nicht. Was ging voraus?

Amphitryon Nichts als, was stets vorausgeht, Politik.

Alkmene Auch das erzähl.

Amphitryon   Ein Herold fand sich ein.

Alkmene Von Stand?

Amphitryon   Ja, wohl. Von Pterelaos' Haus.   820

Alkmene Was trug er vor?

Amphitryon   Was keiner hören wollte.

Alkmene So zog er ungehört die Straße hin?

Amphitryon Zum Hades zog er hin. Ihn tötete
Ein Hauptmann.

Alkmene   Das war Unrecht.

Amphitryon   Es war Recht.

Denn wider allen Heroldsbrauch ja will   825
Der Schelm mit unserm Kriegsvolk sich verschwören,
Wodurch er sich des Schutzes, den der Brauch
Ihm leiht, begibt. Ah, solcher Bruch Vertrauens
Und Schlachtenrechts ist schändlich. Tief war ich
Enttäuscht von ihm im erzumschienten Busen.   830
Doch nun vernimm die Schlacht. Ich hob den Arm
Und rief zum Angriff. Fußvolk, schön behelmt,
Rückt schleppend fast, doch unerbittlich vor.
Die Wagen aber, mußt du wissen, und
Die Reiterei hielt ich in Rückhalt noch …   835

Alkmene	Verzeih, mein Herz, ich bin jetzt doch recht matt.
Amphitryon	Du willst nicht hören?
Alkmene	Später will ichs gern.
Amphitryon	Wie ich des Pterelaos Krankheit ward?
Alkmene	Mir ist so schläfrig.
Amphitryon	Weib, ich weiß, wovon.

Das macht, die stets am Weib frißt: Eifersucht.   840
Mehr als auf Huren ja und Tempelmädchen
Seid ihr auf unsre Arbeit eifersüchtig.
Es ist stets ein Lied. Der Mann mit finstrer Braue
Hängt einem Vortrag oder Kriegsplan nach.
Fällt ihm das Weib dazwischen: Liebst du mich?   845
Ja sagt der Mann. Wenn du mich liebst, sagt sie,
Warum dann sagst dus nicht? – Ich sag es ja.
– Nein, sag, ob du mich liebst, mit Worten mir.
Der Mann, in seinem Brüten aufgestört,
Liebt in dem Augenblick nicht just am stärksten,   850
Doch faßt er sich und sagt: Das weißt du doch.
– Aha, du liebst mich nicht!

Alkmene	Das spräch ich nimmer.

Denn wenn wir eines heute morgen wissen,
Dann ich, wie du mich liebst, du, wie ich dich.

Amphitryon	Du mich? Und gähnst, wo ich zugegen bin? 855
Alkmene	Pfui, darf die Ursache die Wirkung tadeln?
Amphitryon	Nicht wie ich dachte, freut dich meine Rückkehr.
Alkmene	Du kamest, wie du weggingst, nicht zurück.
Amphitryon	Mehr meiner wert verhieß Erwartung dich.
Alkmene	So bist du also ganz mein Gatte wieder? 860
Amphitryon	Wer als dein Gatte?
Alkmene	Mein Geliebter nicht?
Amphitryon	Da ich sehr sicherlich dein Gatte bin,
	Kann ich sehr schwerlich dein Geliebter sein.
Alkmene	Das trifft sich schlimm für dich, weil mein Geliebter

Dann nicht mein Gatte war.

Amphitryon   Welcher Geliebte?   865

Alkmene Der mich mit mir allein ließ so voll Glück.

Amphitryon Wie, glücklich warst du, als ich dich verließ?

Alkmene Ja, da von deiner Leidenschaft ich Zeichen,
So glühende, erhalten hatte, daß
Mir glaublich schien, wenn du versichertest,   870
Kein andres Trachten wohne oder Streben
In dir als ich.

Amphitryon   Das hätte ich gesagt?

Alkmene Vor fünf Minuten sagtest du noch so.

Amphitryon Vor fünf Minuten, muß ich hieraus folgern,
Verließ ich dich?

Alkmene   Wann dann?

Amphitryon   Wann? Vor fünf
                                        Monden,   875
Die, seh ich, dir wie fünf Minuten schienen.

Alkmene Wie fünf Millionen Jahre. Doch danach!

Amphitryon Danach war nichts. Nichts, Frau, wovon ich weiß.

Alkmene So fällt dir ein, die Nacht mir zu bestreiten,
Und reut dich, daß im Rausch des Wiederfindens   880
Du, was ich in dir liebe, ohne Scham
Einmal mir zugewandt, und ungeschehn
Willst du dein Trefflichstes durch Leugnen machen.

Amphitryon Mit besserm Grund sägt die Zikade ihr
Geschrei, als Sätze formt ein Weib aus Wörtern.   885
Ein Weib allein bringt einen Text hervor,
Der Wahrheit nicht enthält noch halbe Wahrheit
Noch auch der Wahrheit Gegenteil und schlecht-
hin nichts bedeutet.

Alkmene   Die vergangne Nacht,
Worin du bei mir lagst, bedeutet nichts?   890

Amphitryon Vergangne Nacht lag ich auf harter Bohle.

Alkmene	Sosias, sprich, ist unser Herr verletzt?
Sosias	Da kann ich Sie beruhigen, Sie werden
	Auf seinem Leibschutz keine Schramme finden.
Alkmene	Das weiß ich selbst. Ich frage nach dem Helm. 895
Sosias	In seinem Kopf auch hat sich nichts verschlimmert.
Alkmene	So muß ich alles das für Laune nehmen?
	Amphitryon, ich bitte dich, zerstör
	Mit dummem Scherz bei Sonne nicht das Bild,
	Das mir von dir der Mond, labend wie Tau, 900
	Den rings er auf die Weiden ausgoß, zeigte.
	Der Mensch ist schrecklich sich zu ändern frei.
	Auch langgeprüfte Liebe, eingeländert
	Durch Gang und Ordnung ungetrübter Ehe,
	Ist niemals ganz von innerm Mißtraun sicher; 905
	An jedem Tag noch kann zu großem Übel
	Kleine Verstimmung führn und einer Laune
	Unebenheit zum tiefen Abgrund sich
	Erweitern. Sei nicht launisch, mein Gemahl.
Amphitryon	Was, launisch mich bist du gelaunt zu nennen? 910
	Wie hätt ich das verdient, mit welchem Wort?
Alkmene	Daß du nicht hier gewesen seist vor jetzt.
Amphitryon	Du sagst, ich wärs?
Alkmene	Das sage ich.
Amphitryon	Was soll das?
Sosias	Vielleicht, Herr, wars ein Traum. Es ist ja, wie
	Das Eis kaum fester als das Wasser ist, 915
	Das Wirkliche nur wenig wirklicher
	Als das Geträumte, und sehr vieles plagt
	Oder beglückt uns, was vom Stoff nicht stammt.
	Hatte der Herr was Dünnes, Schattenhaftes?
Alkmene	Was schwätzt der Sklave?
Amphitryon	Gib ihm Antwort, Gattin. 920
	Kam ich dir körperlos und dürftig vor?

Alkmene	O nein, mein Held, ich fühl erschöpft die Lenden
	Und wie zerschlagen mich.
Sosias	Dann wars ein Traum.
Amphitryon	Du hast geträumt, Alkmene, und ich will
	Den Traum als Wirkung nehmen deiner Sehnsucht. 925
Alkmene	Als Traumbild wage nicht, dich fortzudeuten.
	Alle im Haus ja sahen dich und ihn.
Sosias	Und mich?
Alkmene	Und dich.
Sosias	Mich, innen hier im Haus?
Alkmene	Bestelltest du mir nicht, ich sollte so
	Und so gewandet heut zum Opfer schreiten? 930

Zu Amphitryon

	Und nahmst du seine Botschaft nicht zurück
	Und sprachest, Jupiter sei groß genug,
	Um unsres kleinen Beifalls zu entraten,
	Und kein Altar sei heilig als mein Leib.
Amphitryon	Ich sprach es nicht und kanns nicht haben, wenn 935
	Ich irgend ich sein soll. Erklär dich besser.
	Die kurze Zeit, die, bis der Tag sich höht,
	Mir bleibt, ich hoffte, froher sie zu nutzen.
	Sie stockt. Ich gäb was für die Wahrheit jetzt.
Sosias	Ich weiß die Wahrheit.
Amphitryon	Dann heraus mit ihr. 940
Sosias	Die Lehre, Herr, von den Identitäten
	Oder den Selbstheiten, also davon,
	Ob eines auch zugleich ein anderes
	Zu sein vermöge, oder das das eine,
	Muß, was sie leider oft versäumt, die Selbstheit 945
	Dem Material nach unterscheiden von
	Der Selbstheit wieder der Verrichtung nach.
Amphitryon	Was soll jetzt das?
Sosias	Ich sagte Ihnen, Herr,

	Hier ging ein anderer Sosias um.	
	Ich sage Ihnen nun, es gibt in Theben	950
	Auch einen anderen Amphitryon,	
	Und der, mit gleicher Heftigkeit, wie jener	
	Mir in den Ohren lag, lag ihr im Schoß.	

Amphitryon *schlägt ihn*

Was schiert mich deine Wahrheit, Hundebrut.

Sosias Das war, was Sie für Wahrheit geben wollten?   955

Amphitryon Für diese, allerdings.

Sosias   Er liebts parteilich.

Ich denke mir, sie hat von Hanf den Rauch
Geatmet oder Lorbeerlaub gekaut
Und ist, solang das vorhält, ganz verrückt.

Alkmene Gestattest du dem Unverschämten, so   960
Von mir zu reden?

Amphitryon *schlägt ihn*

               Halt den frechen Mund.
Du schweigst, verstehst du?

Sosias   Ich versteh und schweige.

Amphitryon Die Helle, die des Ostens Dämmer bleicht,
Läßt kaum noch Frist mir, all das zu entdunkeln.
Was soll ich tun, Sosias? Schweige nicht!   965

Sosias Stelln Sie sich an, als schenkten Sie ihr Glauben
Und bringen Sie so in Erfahrung, was
Geschah oder sie annimmt, daß geschah.

Amphitryon Wir hätten fast, Alkmene, durch Zerwürfnis
Gekränkt die Leistung unsres alten Glücks.   970
Das soll nicht sein, und du auch laß es bleiben.
Berichte alles mir von dieser Nacht
Und ohne Spott noch Trug. Dein Gatte forderts.

Alkmene Das also ist der Sinn. Mein Gatte will
Mich strafen, daß ich ihn heut nacht vergaß,   975
Und muß jetzt neidisch den Geliebten schelten

| | Wie erst der ihn. Wenn das das Spiel denn ist, |
| | Wohlan, ich spiels. Du kamest, ich erschrak. |

Amphitryon Erschrakst vor mir?

Alkmene   Vor übergroßer Liebe.

Amphitryon Schon seltsam. Liebe ist ein Wohlgefühl   980
Und hat ja nichts Erschreckendes. Hiernach?

Alkmene Als ich, ich kann nicht sagen, mich beruhigt,
Doch ungefähr zu mir gefunden, nahmst du …

Amphitryon Gelegenheit, dir von der Schlacht zu sprechen?

Alkmene Gewiß, doch nicht zuerst.

Amphitryon   Was, nicht zuerst?   985
Was dann nahm ich zuerst? O ja, ich nahm
Die Schätze vor, die ich für dich erbeutet?

Alkmene Auch das, doch nicht zuerst.

Amphitryon   Sehr seltsam wieder.

Alkmene Jetzt wills mir selber seltsam scheinen. Da
Noch nicht. Du nahmst …

Amphitryon   Das Essen.

Alkmene   Später.   990
Zuerst ja nahmst du mich ins Schlafgemach.

Amphitryon Zuerst ins Schlafgemach. Verruchtes Stück.
Freilich, das zeigt bereits, daß hiervon kein
Wort wahr sein kann. Zuerst ins Schlafgemach.

Alkmene Doch, mein Gemahl, so war es dein Verlangen.   995

Amphitryon Mich soll der Schlag …

Sosias   Herr, lassen Sie sie reden.

Amphitryon Gut, und was tat ich in dem Schlafgemach?

Alkmene Entfiels dir?

Amphitryon   Nein. Doch was erinnerst du?

Alkmene Dort hast mit unerhörten Reden und
Gewissen Zärtlichkeiten du, Geliebter,   1000
Mir das Begehren eines halben Jahres
In einem halben Nu verhundertfacht.

Amphitryon	Schon klar. Dann erst erzählte ich?
Alkmene	Nein, nein.
Amphitryon	Oder beschenkte dich, was? Oder speiste?
Alkmene	Von all dem keines. Du umarmtest mich.	1005
Amphitryon	O unfest, Tugend, wenig dauerhaft.

Amphitryon O unfest, Tugend, wenig dauerhaft.
So kurzen Zeitraums leichte Wirkung war
Von einem Herzen, das für lauter galt,
Schon das Metall der Scham vermögend abzuwaschen.

Alkmene Wenn das war, den du planst, der Vorwurf, der 1010
Ist nicht gerecht. Was ich an Ungewohntem
Getan, nichts tat ich, was nicht du mich lehrtest.

Amphitryon Ich lehrte dich! Verzweifelt. Ungewohntes!

Alkmene Mit Worten nicht. Jedoch du machtest, was
Du wußtest, mich erfinden, gleichsam als 1015
Gehör der Einfall mir, mein guter Lehrer.

Amphitryon Fluch über dich, die Welt und die sie lenken.
Die kranken Späße spür ich da der Götter.
Entrinnen lassen sie dem Arm des Feinds
Dich in den Arm der deinen, und du wirst 1020
Erwürgt von dem. Im eigenen Herd geduldig
Wartet die Kohle, die dein Herz ausbrennt.
Und wenn dann aus dem sehr geringen Stoff
Des einzigen dir fest und sichern Glückes
Dir ihre Kunst das Unglück, das am meisten 1025
Unwiderrufbare, geschmiedet hat,
Darüber können sie noch ein bißchen lachen.

Alkmene Du lästerst, Mann.

Amphitryon Das Laster spricht: du lästerst.

Alkmene Ich hörte das von Männern, daß sie gern
Für das uns tadeln, was sie von uns fordern. 1030
Oh, lieber sah ich nie dich wieder, als
Dich so zu sehn, mehr edel nicht auch du
Als dein Geschlecht, gemischt aus Kraft und Feigheit.

Wie niedrig, niedrig jetzt, Amphitryon,
Und eben noch so stolz, so königlich. 1035

Amphitryon Ha, königlich! Ein König also wars,
Ein Herrscher über Land und Völkerscharen,
Kein einstiger wie ich. Für einen Thron
Verkauftest, Elende, du deine Ehre
Und wardst zur Hure und entmenschtest dich. 1040

Alkmene Mein Herr, wie ängstlich müssen Sie das Ende
Gefürchtet haben Ihrer kleinen Liebe,
Daß Sie so eifrig es herbeigeführt.
Genug, und schweigen Sie.

Amphitryon Ich schweigen, was?

Alkmene Mir ist nun offenbar, daß Sie im Irrtum 1045
Mich einer Tat zeihn, die ich nicht beging,
Von der Sie aber, daß ich sie beging,
Vermuten. Das entschuldigt Ihren Zorn.
Doch nimmer ist entschuldbar, wie Sie zürnen.
Das alles, Herr, weil Sie mich untreu wähnen? 1050
Macht mehr das Wesen einer Hure nicht
Als ein geteiltes Bett, gehört nicht andres
Zu einer Elenden als bloß ein Beischlaf?
Ich bin kein Mensch mehr? War an Menschlichem
Sonst nichts an mir als unbesuchtes Fleisch, 1055
So daß, verlor ich das, ich für die Menschheit
Verloren war? Bin ich, abzüglich dessen,
Was ich für Sie bin, nichts? Nur Gattin, nicht
Alkmene?

Amphitryon Du, du klagst mich an?

Alkmene Ich sage:
Auch falls Sie nicht im Irrtum sich befanden, 1060
Und in der Tat ich die Gelegenheit
Genommen hätte Ihrer Leibsgefahr
Zu meines Leibs Vergnügung, und Sie hätten

	Vor mir gesprochen, wie Sie sprachen, waren	
	Sie tot für mich und länger nicht mein Mann.	1065
Amphitryon	Welch harte Rede. Wenn ich heftig schien,	
	So nur, weil ich, trotz allem, noch dich liebe.	
Alkmene	Mich lieben. Worte, wenig mehr verbergt	
	Ihr dem, der lernte, nicht mehr hinzuhören.	
	Sie haben in mir aufgehört zu sein. *Ab.*	1070
Amphitryon	Des Meeres immer unruhvolles Dach	
	Ist Marmor gegen das, was ich hier vorfind.	
	Was war das eben, Frechheit oder Unschuld?	
Sosias	Sowohl als auch.	
Amphitryon	Betrog sie mich?	
Sosias	Gewiß.	
Amphitryon	Mit wem?	
Sosias	Ich sagte es.	
Amphitryon	Mit wem?	
Sosias	Mit Ihnen.	1075
Amphitryon	O Schiffbruch meiner Sinne. Wärs verhängt,	
	Daß, wie am Riffe dem Gescheiterten,	
	Sonne und Meer, die beiden besten Freunde,	
	Zu unbarmherzigen Verfolgern werden,	
	Sosias, du, Erleuchter meines Hirns,	1080
	Und Ozean meiner Liebe, du, Alkmene	
	In mitleidlosem Bund mich morden wollt?	
	Mit mir betrogen! Angeführt durch mich!	
	Ich muß ihr folgen.	
	Die Nacht geht durchaus ab.	
Sosias	Herr, es tagt, es tagt.	
Amphitryon	Ja, sie erwarten bei der Flotte mich	1085
	Und Älteste und König die im Hafen.	
	Ich muß zum Opfer. *Ab.*	
Sosias	*zeigt hier- und dorthin*	
	Muß und muß. Der Narr,	

Der überhaupt sich erst aufs Müssen einläßt,
Muß bald nur eins noch: sich in Stücke reißen.

Amphitryon *kommt wieder*
　　　　Wenn aber dieser buhlerische Schatte　　　　　　　1090
　　　　In meinem Fortsein hierhin wiederkäme?

Sosias　Wenn aber Sie dorthin nicht wiederkämen?

Amphitryon　Unmöglich. Der Gewinn des Feldzugs, welcher
　　　　Gewinn und Preis ist meines ganzen Wirkens,
　　　　Steht auf dem Spiel. Dies hier läßt sich verschieben.　1095
　　　　Ich muß zum Opfer. Du, Sosias, hütest
　　　　Indes gespannten Augs das Tor.

Sosias　　　　　　　　　　　　　Ich wills. *Er entschläft.*

Amphitryon　Mit einem Wunder, fleh ich, Jupiter,
　　　　Hilf deinem Knecht, daß er die Meerbucht unten
　　　　Zur dunklen Stunde noch erreicht.

Auftritt Jupiter, als Amphitryon.

Jupiter　　　　　　　　　　　　Gewährt.　　　　　1100

Amphitryon ab. Auf dem Dach Alkmene.

Alkmene　Wofür, Amphitryon? Das trägt sich schwer,
　　　　So harter Tadel, wenn man, weit sich öffnend,
　　　　Beglückten Dank erwartet. Schwächer ja
　　　　Als ungewappnet nur empfängt der Mensch
　　　　Schuldlos den Schlag. Ich litte schuldig leichter.　　1105
　　　　Sieht Jupiter.
　　　　Hoffnung, er kam zurück. Hoffnung auf was?
　　　　Ist denn nicht klar, was hier nur folgen kann?
　　　　Er hat erbärmlich sich betragen und
　　　　Wird folglich mit mir schmollen und noch lang
　　　　Mir nicht verzeihn, daß er mir Unrecht tat.　　　　1110

　　　　　　　　　　　　　　　　　　　　　　II. Akt

Jupiter	Du, mehr als alle, nie genug geliebt,
	Verzeihe mir.
Alkmene	Ich dir verzeihen, nie.
Jupiter	Gibt Recht auf Gnade ein Geständnis nicht?
	Ich liebe dich mit meiner ganzen Kraft.
	Nur deine Kostbarkeit bewirkt, daß du	1115
	So stark geliebt nicht bist als liebenswürdig.
Alkmene	Hohn über Hohn. Geh fort, ich hasse dich.
Jupiter	Nein, nein, das weiß ich anders. Heute nacht
	Da ich in einer Pause unsrer Lust,
	Von jener Mattheit voll, wo wir erneuen	1120
	Die süße Unzufriedenheit sich lassen,
	Die uns zum Glück befähigt ihrer Stillung,
	Dir gegenüber lag – du lagst umglüht
	Vom Scheine eines Öllichts da, bekleidet
	Mit Strümpfen nur von Schatten, so vollkommen,	1125
	Wie Göttinnen, wenn sie am Mittag ihren
	Gedanken Lauf lassen, sich selbst erträumen –
	Da sagtest du, daß du auf solche Weise
	Mich liebtest, daß es tilgbar nicht durch Zeit
	Und bleibend sei für immer. War das Lüge?	1130
Alkmene	Nein, Wahrheit. Den stets lieb ich, der du warst.
Jupiter	Ah, den Geliebten. Ja, den Gatten ist
	Zu hassen möglich, den Geliebten nicht.
Alkmene	Welch eine Stärke wohnt in diesem Mann,
	Daß er in einer Nacht und Dämmerung	1135
	Mich ihn zu lieben zwingt und dann zu hassen,
	Und daß ich ihn schon kaum mehr hassen mag?
	Unmöglich kann, Amphitryon, ein Weib
	Je aus dem tiefsten Grund der Seele räumen
	So schwere Kränkung. Aber wieder her	1140
	Zu stellen wär, wenn schon die Neigung nicht
	Des innern Herzens, doch die Achtung gut.

	Ich will, was deine Schuld vermindert, hören.
Jupiter	Meine Entschuldigung ist meine Liebe.
Alkmene	Doch was zur Sache sagst du?
Jupiter	Welcher Sache?	1145
Alkmene	Du hast mich sehr verletzt.
Jupiter	Ja, war das so?
Alkmene	Nenn Gründe mir und was hierher gehört.

Jupiter Hier, Weib, gehört nur her, daß ich dich liebe,
So sehr, daß, wie in einem Baum, gefüllt
Mit wildem Honig, außer diesem süßen   1150
Gefühl sich nichts in meiner Rinde birgt.

Alkmene Amphitryon, zur Sache.

Jupiter   Weib, ich liebe.

Alkmene Sprich irgendwas, bitte, zur Sache doch.

Jupiter Was, mit dir tifteln soll ich, statt dich lieben?
Dafür ist keine Zeit.

Alkmene   In Eile wagst   1155
Du dich zu nennen und erledigst dies
Rasch, eh du ernsterem Geschäft dich widmest?

Jupiter In größter Eile, ja, denn mein Geschäft
Heißt Sterben, und nicht Raum für Albernheiten
Faßt eines Lebens winziges Gefäß.   1160

Alkmene Ohne Erklärung soll ich dir vergeben?

Jupiter Laß das, ich mag nicht zanken. Lieben mußt
Du mich, nicht mir vergeben. O Alkmene,
Die Handvoll Stunden, wo ihn Liebe groß macht,
Rechtfertigen das Dasein eines Menschen,   1165
So wie die Handvoll Menschen, groß durch Liebe,
Erst das der Gattung. O versäume keine.
Schlimmer als Schmerz ist Liebe, die nicht ist.
Wie karge Frist. Wie wenig oft erschüttert.
Nein, zanke nicht, komm her und laß mich ein.   1170

Alkmene *für sich*

Endgültig, und entgegen allem Anschein:
Dieser ist nicht Amphitryon. Nicht dieser.
Wer aber ist dann der, der meinem Gatten
In allem gleicht und ähnlich ist in nichts?
Ein Gott. Ganz gut: stets wünschen unsre Männer, 1175
Daß wir wie Götter allzeit sie bedienen,
So sollten wir vielleicht nicht kleinlich sein,
Wenn auch ein Mal ein Gott kommt und verlangt,
Als wär er unser Mann, bedient zu werden.

Jupiter Kannst du noch weilen?

Alkmene   Nein.

Jupiter   Dann weile nicht. 1180

Alkmene vom Dach ab.

Jupiter Nacht! Nacht, erscheine. Ich befehle es.
Du sollst, wie alles, keinen Zweck jetzt haben
Als zweier Wesen Zueinanderfinden.

Die Nacht kommt, schüttelt sich verneinend, geht wieder ab.

Du weigerst dich? Bestialische Physik,
Hast du vergessen, daß die trockenen Rechte, 1185
Auf die du, als einmal im Schwange, pochst,
Aus meiner Fülle leihweis dir zuteil sind,
Mir zur Entlastung und weil ich nicht Lust,
Um jedes einzelne Atom mich selbst
Zu kümmern, hab? Samt deinen Nebeln, Schnuppen, 1190
Gehörnten Monden, störrisches Wetter, hüt dich.
Ich schaff dich ab und mach was Besseres.
Mir ist jetzt eben überaus nach Schöpfung
Zumut und nach Hervorbringung. Denn wenn
Das Feuer unserer Leidenschaft Alkmene 1195
Auslöscht und mich und in ein Drittes schmilzt,
Wird dieser Schmelzpunkt unsrer Liebe, drin,
Gesteigert ganz, gedrängt auf kleinsten Raum,
Sich unsre ungemeinsten Kräfte ballen,

Beschaffen sein so dicht von Energie, 1200
Daß er schon nach dem Knall drängt und Erzeugung
Von Universen.
Erscheine, sage ich, bei meinem Zorn.
Die Nacht kommt, wütend, grau, sehr zögernd.
Stürm nicht.
Die Nacht beruhigt sich.
          Und blau, viel blauer.
Die Nacht wird schön.   Und sehr schnell.
Die Nacht beeilt sich kaum merklich.
Schneller. Ich will dir Beine …

Auftritt Alkmene.

Jupiter   O! Alkmene! 1205
Furchtbares, fürchte ich, geht in mir vor.
Der Liebe ungeheures Maß an Sein
Verneint die Form, die ich mir aufgebürdet,
Und fordert mehr und Äußerstes mir ab.
Ich spüre, es geschieht mir. Dieser Leib 1210
Amphitryon, in den ich mich gezwängt,
Daß ich mich dieser faßlich mache – aber
Was sind das auch für Puppen, die man uns
Zumutet zu bewohnen – hält nicht stand
Dem Toben meines aufgewühlten Innern. 1215
Schleudern muß ich aus mir heraus mein Selbst,
Mein Fühlen lähm, Verstellung, nimmer. Dies
Ertrag ich nur als Gott. Hilf, Nacht. Zu Hilfe.
Wirf dich mir über, nimm an Schwärze zu,
Daß meine Wahrheit an den Tag nicht tret 1220
Und sie entsetz. Ah! Liebe sprengt die Maske.
Es ist geschehen, ich bin Jupiter.
Er wird Jupiter.

Mehr Nacht! Mehr Nacht!

Alkmene   Komm, du mein Gott,
                                        zu Bett.

Beide ins Haus ab. Auftritt Merkur, als Gott.

Merkur Was, Nacht, schon wieder hier? Der Alte, scheints,
Ist unersättlich. Nun, erzähl mal, was   1225
Es Neues gibt, du siehst ja mehr als ich.
Wie steht es drin?
Die Nacht errötet.   Beim Hades, sie errötet.

Dritter Akt

Nacht. Sosias schlafend, Merkur.

Merkur Wo trifft man noch Geduld an? Nur bei Launen.
Nicht schwärzeste Voraussicht konnte ahnen,
Daß er an jene überlange Menge   1230
Von Finsternis noch einmal mehr als eben
So viel anflickt und näht ein Garn von Schatten,
Das keiner Langmut Elle reicht zu messen.
Weh uns, wenn Obrigkeit ein Einfall kitzelt.
Ein Gott in Liebe macht das Jahr zur Nacht.   1235
Er betrachtet Sosias.
Hier schlummert, schrecklich durch Unstörbarkeit,
Der Zweifler, den kein Zweifel je geweckt.
Dort naht Amphitryon.

Amphitryon.

Merkur   Dem muß das Tor
Ich sperrn, dem heimzahln, daß er schwach mich sah.
Die beiden Zwecke geh ich zu verbinden. *Ab.*   1240
Amphitryon Da Jupiter aus Freundschaft für mein Haus
So gnädig war, ein Wunder zu vollbringen,
Phöbos zu bremsen und die dunkle Schwester
Von hinterm Morgenrot zurückzurufen –
Fast für zu lange, denn erst jetzt wird Tag –   1245
Die Nacht geht ab, es ist Tag.
Weiß ich: der Herr der Götter teilt mein Fühlen,
Freut sich an allem, was ich geben kann,

Und tritt in meine Pflicht von oben ein.
Welch hellen Gang nahm, wenn auch Witterungs halb
Bei Fackelschimmer, Thebens Siegesfest. 1250
Ich bin erhöht zum zweiten hinter Kreon.
Mich ziert der Feldherrnkranz. Des goldnen Lorbeers
Getriebene Blätter kühlen meine Stirn.
Ein Standbild gar ist mir vom Rat beschlossen.
Wie? Alles Volk von Theben ehrt mein Bild, 1255
Und mich, das Urstück, soll Alkmene schmähen?
Das ist nicht, kann nicht sein und konnt es nie.
Wie Nacht in Tag umschlug, Ohnmacht in Achtung,
Ist meine Angst – gemindert von all dem –
Zu heitrer Klarheit nun und dem Entschluß 1260
Erstarkt, mir neu die Gattin zu ersiegen.
Prüfen will ich, was ist, durchstehn, was kommt,
Und mit durch Licht befreitem Aug gewesnen
Anschein zertrümmern.
Er klopft an das Tor.　　　Einlaß, he. Macht auf.
Ich bins.

Merkur, als Sosias, auf dem Tor.

Amphitryon　　　Sosias, flink, beweg dich besser, 1265
Ich reiß dir, trödelst du, die Ohren aus.
Merkur　Nicht nötig, Mann, du hast sie mir gesprengt.
Amphitryon　Der träumt im Wandeln noch. Ruchloser Greis,
Hast du nicht strengen Auftrag, hier zu wachen,
Daß alles, bis ich käm, in Ordnung bleib? 1270
Merkur　Mann, hier war schönste Ordnung, bis du kamst.
Und wenig, dünkt mich, kann in Ordnung sein,
Wo du dabei bist. Was für ein Gebrüll!
Zieh dich hier ab, solls dir nicht ungut gehn.
Amphitryon　Sosias, Bube! Wie versteh ich das? 1275

Merkur	Ganz leicht, Mann. Der Bewohner dieser Villa,
	Amphitryon, ist sehr auf Form erpicht
	Und mißt, ob man den Anspruch seiner Geltung
	Im kleinsten Punkt erfüll, wie Leute stets,
	Die nichts in Wahrheit zu bestimmen haben.	1280

Merkur Ganz leicht, Mann. Der Bewohner dieser Villa,
Amphitryon, ist sehr auf Form erpicht
Und mißt, ob man den Anspruch seiner Geltung
Im kleinsten Punkt erfüll, wie Leute stets,
Die nichts in Wahrheit zu bestimmen haben.   1280

Amphitryon Das sagst du mir.

Merkur   Weil du der bist in Theben,
Der dieses noch nicht weiß. Geh, laß mich sein.

Amphitryon Das Tor auf, daß ich dir den Hals umdreh. *Hämmert.*
Einlaß, Einlaß.

Sosias *erwacht*
Um Ruhe bitt ich. Und der hört nicht auf.   1285
Die Welt, die nichts den wachen Weisen kümmert,
Straft ihn am Schlaf. Kaum senkt der Notdurft Hebel
Mein Lid, reißt Krach es hoch. Das ist kein Schlummer,
Das ist ein Zwinkern. Ach, mein Herr steht da.
Und in Erregung. Immer in Erregung.   1290
Und alle meine Lehren aus dem Sinn
Vom gleichen Fluß der Urteile, und wie
Um nichts mehr wertvoll eins ist als das andre.
Nun denn, ich will dem Ärmsten, der mich wurmt,
Den Balsam spenden meines Denkvermögens.   1295

Merkur Die Salbe spürst du seines Schlagvermögens.
Zieht sich zurück.

Sosias Herr

Amphitryon   Du, hier unten?

Sosias   Wache steh ich ja.

Amphitryon Ob es mir gleich höchst unbegreiflich, wie
In keiner Zeit und ohne Fittiche
Du von dem Dache kamst herabgeflogen,   1300
Dich nah zu haben, ist mir angenehm.

Sosias Ich bin benötigt, ich bin da. Herr, Herr,
Nimmer ein guter Rat war Heftigkeit.

Amphitryon	O doch, der beste. *Schlägt ihn.*
Sosias	Welch Verhalten.
Amphitryon	Dies

Verhalten lehrt dich dein und mein Verhältnis, 1305
Und wie in Zukunft zu begegnen hat
Sosias seinem Herrn Amphitryon.

| Merkur | *erscheint auf dem Tor* |

Was faselst du? Amphitryon mein Herr?

| Amphitryon | Wie bist du, Schurke, da hinaufgelangt? |

Sosias läuft weg.

| Merkur | Ein Philosoph ist ewig herrenlos. 1310 |

Ich allenfalls bin Herr Amphitryons,
Weil ich zu ihm steh wie der Kopf zum Bizeps.
Und Rechtens nennt man mich des Hauses Haupt.

| Amphitryon | Was, Sklave, bist du Sklave oder nicht? |
| Merkur | Nach außenhin. Und solchem Dummkopf dienen, 1315 |

Macht, spricht vielleicht die Welt, mir Schande. Aber
Die Schande, die er mir macht, ist entfernt
So groß nicht wie die Ehre, die ich ihm mach.

Amphitryon	Was, was? Was ist das, Fieberwahn?
Merkur	Naturrecht.
Amphitryon	Ein Fieber ists im Körper der Gemeinde. 1320

Du hebst dich, Knecht, über Amphitryon.

| Merkur | Geburt, Mann, hebt mich über den. Wenn er |

Und ich im Bade, nackt, uns unterreden
Von irgendeinem Stoff, bezweifelst du,
Für wen der Spruch dann jedes Hörers fällt? 1325

| Sosias | *zu Merkur* |

Sie, lassen Sie das doch. Es treffen doch
Die Folgen nur von Ihrem Witz zusammen
Und seiner unbeherrschten Einfalt auf
Mir schwachem, armem, zitterndem Skelett.
Wenn Sie die Wahrheit schon herumschrein müssen, 1330

Dann bitte unter meinem Namen nicht.

Amphitryon Ist dieser jetzt zum Heupferd umgeboren
Und springt, mir wird ganz toll, hinauf, hinunter,
Hinauf, hinunter. Kerbtier, hüpfendes,
Er schleicht sich an und erwischt Sosias mit einem Satz.
Hab ich dich wieder.

Merkur Ja, du hast ihn wieder. 1335
Er zieht sich zurück.

Amphitryon *schlägt Sosias*
So, das als Siegel deiner Herrenwürde,
Das für die Schande, die ich dir bereite,
Und das, weil dich Natur vor mich gesetzt.

Sosias Kurz, alles für den Frevel, daß ich lebe.

Merkur *erscheint*
Es sei genug, ich wünsch sein Sterben nicht. 1340
Tod ja erspart ihm, lang den Lohn zu schmecken,
Den er durch Schuld erwarb an einem Gott.
Ich will, indem ich mich zur gleichen Zeit
Herzeig mit ihm, aus dem Verdacht ihn lösen.
Laut
He, Mann, im Ernste. Dieser Feldherr, was 1345
Als ein Bedienter ist er denn des Pöbels?

Amphitryon *zu Sosias*
Ah, ich vernehm, ich bin ein Pöbeldiener.

Sosias Ich auch vernehms.

Amphitryon Ich frag mich, ob du meinst,
Was du geäußert hast.

Sosias Ich wieder frag mich,
Ob ich geäußert habe, was ich meine. 1350

Merkur Ein Nichts mit Helmbusch, eine Null von Stand.
Ein schlechterer Eseltreiber.

Amphitryon *zu Sosias* Dies, weshalb?

Merkur Der Treiber bringt die Herde doch nach Haus,

Indes der Tropf sein erzbeschuhtes Grauvieh,
Als obs nichts kostet, in den Abgrund hetzt. 1355

Amphitryon *zu Sosias*
Du nennst mich einen schlechtern Eseltreiber,
Kann das denn stimmen?

Sosias   Zweifellos, das stimmt,
Doch würd ich Sie um keinen Preis so nennen.

Merkur Ein wahrer Trübmann und geglaubter Held,
Am Dutzendkopf ein gelbes Ruhmgeschwür. 1360

Amphitryon *zu Sosias*
Mein Lorbeer, sagst du, sei ein Ruhmgeschwür?

Sosias Das sag ich nicht.

Amphitryon   So, weil am Zottelbart
Dich meine Faust gepackt hält, plötzlich ist
Held wieder Held und Ruhmtat Ruhmtat wieder?

Sosias Das sag ich auch nicht. Das nicht und erst recht nicht 1365
Das Gegenteil. Ich sage nichts von nichts.

Amphitryon Du sagst genug und bist so klar gewesen,
Daß ich sehr deutlich dir erwidern kann.
Er schlägt Sosias, bis der zu Boden fällt.

Merkur Endgültig, Lümmel, geh woanders raufen.
Die Nacht ist kurz nur um. Amphitryon 1370
Verabscheut Lärm, wenn er, wie eben jetzt,
Liegt in Alkmenes weißen Leib geknotet
Und durch den Vorhang ihrer goldenen Haare,
Sanft zu sich findend, in den Morgen stiert.

Amphitryon Liegt mit Alkmene? Wer? Ich oder wer? 1375

Merkur Ha ha. *Ab.*

Amphitryon   Das sagst du mir und lachst noch, Vieh?
Er tritt den daliegenden Sosias.
Aufhebt in mir sich gräßlich mit dem Wort,
Was ich vergessen wähnt und ausgeräumt:
Zweifel, Entsetzens grinsende Vermummung,

Und alle Marterqual in meines Herzens 1380
Nie, wie ich spüre, ausgeheilter Narbe.
Denn abhängt, als von seiner tiefsten Mitte,
Mein Sein von meiner Liebe. Dort getroffen,
Bin ich zum Tod getroffen. Eher möchte
Gelähmt ich sein, hier auf den Platz genagelt, 1385
Als fortgehn müssen von Alkmene. Eher
Taub für die tausend Klänge dieser Welt
Als für Alkmenes Stimme. Eher, ach,
Gehaßt von den mir nächsten Menschen allen
Als in Alkmenes Busen ungeliebt. 1390

Auf dem Dach erscheint Jupiter, als Amphitryon.

Jupiter Wie schön du fühlst, wenn man dir Unrecht tut.
Amphitryon Ha, dieser Mann, er ähnelt mir ein wenig.
Er ist es. Das erleichtert, das ist gut.
Endlich ein Übeltäter zu dem Übel,
Faßlich am Ende das Unfaßliche. 1395
Dank, Götter, Dank: ihr zeigt mir meinen Feind.
Ists das nur, Schminke, Maske, abnehmbare
Gesichter; weh dann, Menschenräuber, dir.
Dir schäl ich meine Züge von dem Schädel.
Jupiter Mut, Mut und kein Verdacht. Mut langweilt mich.
Ab. 1400
Amphitryon Ich geh zum Vorwerk, wo ein Rammbaum sich,
Das Tor zu sprengen, finden läßt. Mehr greulich
Als das Verbrechen muß die Sühne sein.
Und tosen soll, wie wenn, vom Sturm entfesselt,
Woge und Wolke sich berühren und 1405
Der untere Donner heulend und der obre
Sich mischen, das Gewitter meiner Rache.

Er geht ab. Aus dem Tor kommen Jupiter und Merkur, der letztere als Gott; sie lassen das Tor offen.

Jupiter	Da liegt im Staub, den alles nicht betrifft.
	Die sind einmal am Lustspiel alter Schule
	Das Lebensnahe, diese Hiebe stets 1410
	Auf Nebenrollen.
Merkur	Ihm ist recht geschehn.
	Ich sage Ihnen, auch ein Jupiter
	Kommt nicht auf milde Art mit ihm zu Rande.
Jupiter	Nein, mir ist wohl, und wohl drum will ich ihm
	Und nehm mich, du wirst sehn, der Unschuld an. 1415
	Sosias, he! Er wird ihn doch nicht tot
	Geschlagen haben.
Merkur	Lieber Gott, er schläft.
Jupiter	Er schläft? Wach auf.
Sosias	Nein.
Jupiter	Nicht?
Sosias	Erst sagen Sie:
	Wach auf, Sosias.
Jupiter	Nun: wach auf, Sosias.
Sosias	Nein, sagen Sie: wach auf, bester Sosias. 1420
Jupiter	Wach auf, bester Sosias.
Sosias	Nein, Sie müssen
	Sagen: wach auf, bester Sosias, ich
	Will jetzt vernünftig sein.
Jupiter	Wach auf, ich wills.
Sosias	Topp, Herr, es gilt. Ich bin durchaus entschlossen,
	Amphitryon das Denken einzuüben. 1425
Jupiter	So große Gunst hast du für mich gewonnen?
Sosias	So großes Ansehn hab ich zu verlieren.
	Sie sind einmal mein Schüler. Zwar ich hab
	Sie mir nicht ausgesucht, aber Sie sind es.

| | Und wenn durch Tollerei und Possen Sie | 1430 |

Und wenn durch Tollerei und Possen Sie 1430
Zum Popanz werden der gelehrten Welt,
Es fällt ja doch zurück auf mich, den Lehrer.

Jupiter Tu, Lehrer, deines Amtes denn an mir.

Sosias Ihre Verzweiflung, rührt sie nicht wohl aus
Alkmenes Untreue?

Jupiter   Dem pflicht ich bei. 1435

Sosias Wir habens, Herr.

Jupiter   Was haben wir?

Sosias   Die Frage.
Die Lösung folgt, ist die gestellt, von selbst.

Jupiter Wie heißt die Lösung?

Sosias   Geben Sie nichts drauf.

Jupiter Was, auf Alkmene rätst du nichts zu geben?

Sosias Nicht, das ist schlau?

Jupiter   Kein Wort, Strolch, gegen sie. 1440

Sosias Ich muß, da Sie die Dame überschätzen.
Ihr schiefer Zustand kommt vom schiefen Blick.

Jupiter Dein Grund?

Sosias   Den Teller, den der Mann da drin …

Jupiter O ja, der Mann da drin. Wer, meinst du, ist er?

Sosias Ein Gott, ein Gaukler, ein erhurter Zwilling, 1445
Was solls uns kümmern, gelt, das zählt hier nicht.
Den Teller, sag ich, den, um seine Suppe
Daraus zu löffeln, der benutzt hat, werfen
Sie den jetzt weg, nein, doch Alkmene, weil
Er sie benutzt hat, ekelt Sie. Was folgt: 1450
Sie überschätzen sie. Herr, ich bin froh,
Sie überführt und ganz geheilt zu haben.

Jupiter Verdammter Schuft, das ist sehr anfechtbar.

Sosias Sie zweifeln noch?

Jupiter   Ich habe viel dawider.

Sosias Gründe! Gründe! ich hasse eure Schwäche. 1455

Ich lern das nicht, und würd ich dreifach älter
Als Vorsicht mich und Weisheit werden ließen,
Daß einer, der bezwungen ist durch Gründe,
Noch leugnen kann und gegenreden. Sie,
Statt daß Sie, wie Sie sollten, ruhiger werden,   1460
Werden Sie finsterer. An einen ab-
geschlossenen Beweis, sorgsam geführt,
Ich spür, was auf mich zukommt, wolln Sie einen
Blutlos und unbelebten Schwanz anhängen
Von überflüssigen Wiederholungen.   1465
Wohlan, von vorn. Was finden Sie an ihr?

Jupiter Oh, sie ist schön.

Sosias   Sie seis. Und was ist Schönheit?
Ein fauler Trugschluß, blendend vorgetragen,
Ein Argument, durch Zeit zu Fall gebracht,
Ein stummer Schwindel, ein geputzter Tod.   1470

Jupiter Weil er an nichts glaubt, als was ewig ist,
Glaubt er an nichts, der Flachkopf.

Sosias   Noch im Zweifel?
Dann schlüssig fort. Was finden Sie an ihr?

Jupiter Die Anmut ihrer Seele.

Sosias   Herr, vielleicht
Die Anmut ihrer Milz. Vielleicht die Anmut   1475
Ihres Gerippes oder Fettgewebes.
Der Mensch, Herr, ist von Wissenschaft durchblickt
Als ein Gemisch aus Erde, Feuer, Luft
Und Wasserhaftem, das sich wiederum darstellt
In säulig, rund oder gelappter Form.   1480
In diesem Brei, halbweich, von etwas Prallkraft,
Ist keine Prise Seele eingerührt.

Jupiter Das ist, warum kein Koch versteht zu speisen:
Schon für den Braten hält er das Rezept.

Sosias Was finden Sie an ihr?

| Jupiter | Ich liebe sie. | 1485 |

Sosias Die Liebe ist am schnellsten wegerklärt
Als Krankheit einfach jener Elemente.
Der alte Schaden des Zuviel. Zu viel
Wasser schwemmt auf, Luft bläht, Feuer erhitzt,
Und Erde macht, zu viel, die Glieder steif. 1490

Jupiter Zu viel von deinem Schwatzen macht mich gähnen.

Sosias Dann wird mein Witz Ihnen zum Mund reinfliegen.
Zu viel von allen vieren nämlich, zu
Dichtes Gemisch, bewirkt: Poetische Blähung,
Rührselige Aufschwemmung, geile Erhitzung 1495
Und die bekannte Gliedersteife: Liebe.

Jupiter Wann hörst du auf?

Sosias   Wenn ich am Ende bin.

Jupiter Du setzest mich in Ärger.

Sosias   Schläge, ah,
Für Ratschläge. Das ist mißbrauchte Macht.

Jupiter Und was du ausübst, ist mißbrauchte Ohnmacht. 1500
Wieso bin ich gehalten, mir dein dümmlich
Vorurteilsloses Plappern anzuhören
Und noch von tausend deinesgleichen das?
Man tauscht das Brett doch aus, das ewig knarrt,
Scheucht doch die Grille weg, stellt doch die Uhr ab, 1505
Und wäre, was, Kritik verdammt zu dulden?

Sosias So schlagen Sie, es wird mich kaum verblüffen,
Ich bin nicht leicht frappiert.

Jupiter   Nein, keine Schläge.

Sosias Der Liebe folgen heißt sich selbst verlassen.
Nur unbeeinflußt lebst du ungetrübt. 1510
Nicht leidet, wer nicht fühlt. Der Weisheit Krone …

Jupiter Nein, keine Schläge. Doch, bei meinem Blitz,
Noch ein Wort mehr, und ich verwandle dich,
Geschwätzeskundiger, in eine Form,

Die nach genauerm Maß dein Wesen kleidet: ₁₅₁₅
In einen Hund.

Sosias   In einen Hund?

Jupiter   Ja wohl.

Sosias Herr, Sie verwandeln mich?

Jupiter   Ja.

Sosias   Wenn ein Wort
Ich noch hinzusetz, und zum Hund?

Jupiter   So ist es.

Sosias Der Weisheit Krone – Herr, das rechnet nicht,
Das hatte ich schon vorgebracht.

Jupiter   Ja, ja.   ₁₅₂₀

Sosias *vorsichtig, immer nach jedem Wort abwartend*
Der Weisheit Krone – ist – die – Seelenruhe.
Herr, Sie vergaßen, mich zum Hund zu machen.

Jupiter Nein, ich vergaß es nicht. Verhunde!
Er setzt Sosias eine Hundemaske auf.

Sosias   Schau,
Jetzt bin ich gar ein Hund. Die Frage lautet:
Glatt oder räudig? Räudig, gut. Man darf   ₁₅₂₅
Als räudiger Hund doch schlafen, wann man mag.
Er legt sich nieder und schläft ein.

Jupiter *zu Merkur*
Da kommt Alkmene. Abschied gilts zu nehmen.
Entferne dich, Merkur, doch nicht zu weit.
Und wenn ich das gewisse Zeichen gebe,
Erschein und melde: höchst erforderlich   ₁₅₃₀
Sei meine Gegenwart im Reich der Götter.

Merkur Ich will das pünktlich tun, wie schon sehr oft. *Ab.*

Auftritt Alkmene.

Alkmene Du bist schon auf? Welch ein sehr stiller Morgen.

Es liegt des Meeres pockennarbiger Spiegel
Nashornhautfarben, wenig nur bewegt. 1535
Du gehst?

Jupiter   Ja.

Alkmene   O geh nicht.

Jupiter   Ich bin nicht bleibend.

Alkmene Ich weiß es. Doch was du in mir geändert,
Das bleibt, und vieles wird, nachdem du gingst,
Mir fehlen, was, bevor du kamst, nicht fehlte.
Das tote Schildpatt, wenn mit Kuhgedärm 1540
Der Künstler es bespannt, lebt auf in Tönen
Und ist, dann ungespielt, mehr tot als vorher.

Jupiter Als Mangel spürst du unerprobte Stärke.
Die Leier, erst gebaut, tönt selbst im Wind.

Alkmene Wie soll ich anders noch als traurig tönen? 1545
Ich glaubte einst, Amphitryon zu lieben.
Nun, da dies hin ist …

Jupiter   Wie, du liebst ihn nicht?
Liebtest du einen andern je als ihn?

Alkmene Dich, Jupiter.

Jupiter   Bin ich nicht er?

Alkmene   Du spottest.

Jupiter Was an mir fändest du und nicht an ihm? 1550

Alkmene Kein äußres Merkmal. Doch aus einer Welt,
Bevölkert von Amphitryonen, fühl
Ich dich heraus.

Jupiter   Hier naht, von dem du sprichst.
Tritt du beiseit, und dann vergleiche uns.

*Alkmene geht beiseite, Jupiter macht sich unsichtbar
und stellt sich ins Tor. Auftritt Amphitryon mit einem
Rammbock.*

Amphitryon	Jetzt bin mit allem Werkzeug ich versehn, 1555
	Das mir zum Ziel kann meiner Rache helfen.
	Der spitze Stamm hier mit dem Eisenscheitel
	Bahnt mir den Weg zuvörderst in mein Haus
	Und dann der Dolch den in des Diebs Gekröse.
	Er rennt gegen das Tor an, hält ein.
	Ha, was bedeutet das, das Tor steht offen. 1560
	Er wirft den Rammbock weg, stürzt ins Tor. Jupiter hebt den Arm. Amphitryon rennt gegen ein unsichtbares Tor, taumelt zurück.
	Was, zu? Läßt Blutdurst mich in gierigem Vorgriff
	Geöffnet sehen, was verrammelt ist?
	Dies klär ich mit Gewalt.
Jupiter	Nicht mit Gewalt.

Amphitryon rennt mit dem Rammbock gegen das offene Tor. Jupiter tritt beiseite. Das Tor verhält sich ganz normal: Amphitryon stürzt hindurch und zu Boden, verletzt sich den Arm.

Jupiter	*macht sich sichtbar, schreit*
	Das fügt sich, Bube, in dein Spiegelfechten.
	Mit feigem Blendwerk brachst du mir den Arm, 1565
	Der dich zum Totenrichter kam zu senden.
Alkmene	*hinzueilend*
	Bist du verletzt, mein Gatte?
Jupiter	Sehr.
Amphitryon	Ich bins.
Jupiter	Herr, schweigen Sie.
Amphitryon	Mein rechter Arm entkräftet.
Jupiter	Der Taschenspieler stiehlt mir meine Wunden.
Amphitryon	Verfluchtes Glück, das endlich mich den Wolf 1570
	Läßt aufspüren meiner Ehe und zugleich

	Mit einer Schwäche in den Arm mir fällt.
Jupiter	Verflucht, ja, wenn den Vorteil Zeit und Ortes
	Zu einem saftigen, höchst gerechten Mord
	Ein lahmer Muskel unvollständig macht.	1575
Alkmene	Wer ist hier wer? Der flucht vertraut wie dieser.
Amphitryon	Spür meine Linke.
Jupiter	Deine Gurgel schnapp ich.
Alkmene	Amphitryon, halt inne.
Jupiter und Amphitryon	Nein, er stirbt.
Alkmene	Nein? Welche Unart: nein und einer Frau?
	Stillstand befal ich, und still wird man halten.	1580
Jupiter	O dieser Ton, ich kenn ihn. Gegen den
	Hilft kein Vernünfteln. Stehn wir ab, mein Herr.
	Schließlich, was hülfs ihr auch, wenn unter uns
	Der falsche siegt und macht den echten kalt?
Alkmene	Sehr wohl gesprochen, schöner Unbekannter.	1585
	Und Sie auch, schöner Unbekannter, legen
	Sie Ihres Anspruchs Pfund auf meine Waage.
	Die Zunge bin ich zwischen den Gewichten,
	Und dem, des Wort mehr schwer wiegt, wird mein Kuß
	Beistimmung sein und Siegel seiner Echtheit.	1590
	Für sich
	Beim Jupiter, den ich im tiefsten Innern
	Zu kennen glaubte, meinen Mann, es ist
	Nicht überflüssig, daß ich besser ihn
	Ergründen muß. Den Hinweis, Gott, begriff ich.
Alkmene	*laut*
	Mein Gatte …
Amphitryon	Frau?
Alkmene	Und Liebster …
Jupiter	Liebste, sprich.	1595
Alkmene	Sieh her, schon fängt das Untrennbare sich

Zu trennen an und rührn sich zwei im Einen.
Sie also wären jener, der den Anker,
Obgleich hier vor dem Mond schon eingetroffen,
Im frostigen Meer versenkt hielt diese Nacht,   1600
Da Sie in meinem Leibe ankerten.
Sie, der als erst und teuerste Umarmung
Die Thebens, Sie, der die Alkmenes vorzog.
Dann – denn das setze ich, daß keiner kann
Mich wahrer lieben als Amphitryon –   1605
Welches Verhalten, Ihres oder Ihres,
Zeigt höhere Schätzung meines Werts?

Amphitryon   Das meine.

Alkmene hätte mich, verfuhr ich anders,
Verachtet, weil Alkmene Griechin ist.

Alkmene Sie hießen jüngst sie eine Göttin.

Amphitryon   Nie.   1610

Alkmene Doch.

Jupiter   Ich war das.

Amphitryon   Da!

Alkmene   Besser, Herr, Sie hättens.
Denn häufig hieß Amphitryon mich so.

Amphitryon Wann tat er das?

Alkmene   Als ich ihn kennenlernte.

Amphitryon Das ist die Sprache deines Mannes nicht.

Alkmene Nein, aber dessen, den zum Mann ich nahm.   1615

Amphitryon Wie unverständig, Törin, bündelst du
Verschiedne Hölzer in ein Urteil jetzt.
Liebe wie Ehe haben ihre Zeit.
Die Liebe, mit zerstörerischer Kraft,
Löst, was das Muster eines Menschen bildet,   1620
Aus seinen Fugen und begabt ihn, sich
Mit dem vom selben Wahn zertrümmerten
Geliebten, als ein Doppelwesen gleichsam,

Zu einer neuen Dauer zu vereinen.
Der Zweck der Liebe ist der Ehestand. 1625

Jupiter Der schmäht die Liebe, der ihr Zwecke borgt.

Amphitryon Die Liebe ist dem Chaos anverwandt.
Ehe ist Ordnung, und aus Ordnung nur
Kann Leistung sich und Bleibendes entfalten.

Jupiter Recht und sehr hübsch. Die Liebe ist vom Stoff, 1630
Woraus das Chaos war.

Amphitryon   Mein Wort.

Jupiter   Das Chaos
War Jupiter des Daseins liebste Form.

Amphitryon Sie! Jupiter – Sie lassen besser hier
Beiseit den heiligen Namen – Jupiter
Ist Schirmherr des Gesetzes.

Jupiter   Und der größte 1635
Gesetzesbrecher.

Amphitryon   Das versteh, wer will.

Jupiter Verständen Sies, wären Sie Jupiter.

Amphitryon Das Chaos war kein Sein, es war ein Nichtsein.

Jupiter Aber ein Nichtsein, das die Kraft in sich
Und Aussicht barg zu endlos vielen Welten. 1640

Amphitryon Von denen, was Sie kaum bezweifeln dürften,
Die beste Jupiter erschaffen hat.

Jupiter Gewiß, er hat. Doch als sie war erschaffen,
Erwies ein Fehler sich an ihr: es gab sie.
Sie war so, wie sie war, und nicht auch anders. 1645
Erledigt und besorgt. Der Stoff, Herr, war
Nicht mehr verliebt, er war verheiratet.
Und das verknöcherte Gerüste von
Gewohnheiten, die man Gesetze nennt,
Rückzuverwandeln in das freie Spiel 1650
Glücklicher Möglichkeiten, das vermag
Des Chaos Tochter nur, die Liebe noch.

Alkmene	Hier ist die Stelle, wo ich sprechen muß
	Und kann mein Urteil fällen.
Amphitryon	Halt, Alkmene.

Eh du dich vorschnell bindest durch Entscheidung,   1655
Kehr ich die Lage des Gesprächs, mir scheinbar
Entgegen, noch zu meinen Gunsten um.
Wie der als Schwerenöter glänzt – abscheulich:
Kosmogonie im Dienst der Schmeichelei –
Bedeutet nichts, als daß es nichts bedeutet.   1660
Wirklich ist nur Bewirkendes. Im Netz
Der Ursachen sind Redensarten nur
Die Löcher. Liebe, innre Wirklichkeit,
Muß äußre Wirklichkeit, muß Taten zeugen.
Nicht nämlich konnte dieser Papagei   1665
Meiner Beschaffenheiten eins mir rauben:
Die Feldherrnkrone, hier, die mir soeben
Das Vaterland verliehn, er hat sie nicht,
Denn er erwarb sie nicht. Ich, stark durch Liebe,
Trage und zeig sie als Beweis des Siegs,   1670
Den ich für dich errang und über ihn.

Jupiter   Ah, selber Papagei. Du grubst die Krone
Doch aus dem Schmutz, in den ich jüngst sie warf,
Weil dieses Sieges stinkende Verrottung
Das Laub mir, das ihm sprießt, zum Ekel macht.   1675

Alkmene   Schweigt beide. Mit mehr Sicherheit nun sprech ich,
Was ich zu sprechen ohnedem gesonnen.

Amphitryon   So tu es schnell. Wer ist Amphitryon?
Nein, schwanke nicht mehr. Drücke, denn ich weiß,
Du kennst ihn, deine Lippen jetzt, den schlechtern   1680
Vernichtend, auf des bessern Mund. Wer ist
Der wahre, wirkliche Amphitryon?

Alkmene   Der wahr und wirkliche? Dieser, mein Gatte,
Der heute mich verläßt. *Sie küßt Jupiter.*

Amphitryon	Ich bin vernichtet.
	Wer sind Sie, der Sie mehr ich sind als ich?	1685
Jupiter	Der alles übertrifft in seiner Art.

Er demaskiert sich, donnert. Alkmene schmiegt sich heiter an seine Brust; Amphitryon stürzt zu Boden. Sosias erwacht.

Sosias	Schläge, für was? So, das sind Donnerschläge.
	Aus heiterer Luft, wie zu vermuten war.
	Der Schlaf ja ist von einem armen Hund
	Zerrissener noch und schlechter als sein Fell.	1690

Schläft wieder ein.

Amphitryon	Du, Donnerer? Das Unmaß hat der Ohnmacht
	Was Tröstliches. Vom höchsten Gott getäuscht,
	Scheint fast Alkmene ledig ihrer Schuld.
Alkmene	Entschulde mich nicht so, ich kannte ihn.
Amphitryon	Du kanntest ihn? Und gabst mit diesem Kuß	1695
	Mein doppelt Eigenstes ihm: meinen Namen
	Und deine Neigung? Frau, das war sehr treulos.
Alkmene	Muß ich mehr treu dir sein, als du dir warst?
Amphitryon	Den Gatten schmähen wohl kann eine Frau,
	Ihn quälen, hassen, selbst auch hintergehn.	1700
	Doch nimmer darf vor einem Dritten sie,
	Den zu erheben, ihn erniedrigen.
	Was ich gefehlt mag haben gegen dich,
	Dies war Verrat, Frau, und zu weit gefehlt.
Alkmene	Nichts hätte mich, Amphitryon, vermocht,	1705
	An einen andern Mann dich zu verraten,
	Und wars von allen der vollkommenste.
	Doch pflichtig war ich deinem bessern Selbst.
	Als du mich fragtest, welcher ist von uns
	Amphitryon?, da blieb ich zaudernd. Doch	1710
	Als so du weiter fragtest: welcher ist
	Der wahre, wirkliche Amphitryon?,
	Erkor ich den, der, wie du solltest, war:

Den, der aus deinem Leibe, was aus ihm,	
Als nach dem angeerbten Muster möglich,	1715
Du hättest machen können, hat gemacht.	
Mann, ich verriet dich, denn nicht folgen wollt	
Ich dem Verrat, den du an dir begingst.	

Amphitryon So treff zuletzt ich meinen Feind in mir.
Beschämt nun steh ich und all des geständig,　1720
Was du von meinem Unwert vorgebracht.
Viel Kleines hat mein Handeln oft getrübt.
Und nicht mich reinzuwaschen ist mein Zweck,
Wenn ich den einen Vorwurf von mir weise
Als unrecht.

Alkmene 　　　　Welchen?

Amphitryon 　　　　　　Daß ich dich nicht liebte.　1725

Alkmene Da du mich liebtest, warst du, wie er ist.

Amphitryon Wen aber lieb ich nunmehr?

Alkmene 　　　　　　　　Deine Taten.

Amphitryon Und was ich tat, aus welchem Grund denn tat ichs?

Alkmene Feldherr zu sein.

Amphitryon 　　　　Und Feldherr sein, Alkmene,
Ist meine Weise, dich zu lieben, ja.　1730

Alkmene Seltsames birgt dein Herz und dieser Satz.

Amphitryon Wer war ich hier? Ein weggejagter Fürst,
Der Stadt ein Gast, bei Fremden ungeehrt,
Behaust in einem Ruhmgebäud, abbröckelnd,
Gegrüßt mit einem Namen, nicht mehr frisch.　1735
Ein Held, dem man kein Heer vertraut, weil stets
Auf Führung Anspruch haben durch Geburt
Des Königs Onkel, Schwestersöhne, Prinzen.
Da endlich traf ein Unheil ein, mir günstig.
Die Teleboer raubten Kreons Vieh,　1740
Und ich besaß ein altes Racherecht
Am Pterelaos, weil der durch davor-

gelegene Schandtat Schuld einst trug an meiner
Verbannung aus dem hirschereichen Troizen.
Das da war meine Fehde. Die nun ging   1745
Mir nicht zu rauben. Krieg war und ich Feldherr.
Und ich ergriff Fortunas erst und letzte
Gelegenheit, mich geltend noch zu machen.
Doch als an Teleboas Ufer ich
Gelandet war und aufgestellt das Heer,   1750
Trat mir ins Zelt des Pterelaos Sohn
Und bot der Herden volle Rückerstattung
Und der gewesenen Kosten an, falls ich
Bereit sei, keine Schlacht zu schlagen. Keine Schlacht.
Kam ich um Ochsen, Götter! oder Kränze?   1755
Oh, auch die Kriegsvernunft riet, abzustehn.
Des Treffens Ausgang war höchst zweifelhaft.
Denn, wie ich nicht vor diesem Tag erfahren,
Die Hauptleut all und Unterfeldherrn hatten
Die Zahl der Truppen mir, und was noch sonst   1760
Von einem Heer die Ausrüstung betrifft,
Genannt als vollständig, und sie wars nicht,
Da sie mit Thebens Ehre unvereinbar
Gehalten hatten, irgendeinen Mangel
Einzugestehn an Mannschaft oder Zeug.   1765
So schutzlos schlug ich ihm den Frieden ab.
Er aber hub nun an, umher im Feld
Den Vorschlag der Versöhnung den Soldaten
Ins Ohr zu träufeln. Wie dem Einhalt tun?
Ich rief mir einen von den Hauptleuten.   1770
Hauptmann. – Mein Feldherr? – Dieser Mann ist mir
Zu lang. – Zu lang, wie? – Einen Kopf zu lang.
Er geht und kürzt den ums besagte Stück.
Danach natürlich ließ den Hauptmann ich
Maßregeln, was den Ruf mir eintrug un-   1775

parteiischer Gradheit; denn im gleichen Atem
Ließ ich versprengen, der Gesandte habe
Mir abgefordert Thebens Übergabe
Zur Plünderung und des Heers in Sklaverei.
Das Heer, empört, schlägt sich und siegt. Ich töte   1780
Den Pterelaos. Es geschah für dich.

Alkmene   O schiebe solche Greuel nicht auf mich.

Amphitryon   Der Täter, schwör ich, war ich deiner Tat.

Alkmene   Es schätzt kein Weib am Mann den äußern Glanz.

Amphitryon   Sprichst du und ziehst den Gott dem Feldherrn vor.   1785

Alkmene   Allein sein Wesen ist es, was sie fesselt.

Amphitryon   Geld, Acker, Sklaven, Rang und Ansehn zählen
Zu eines Menschen Wesen. Die in Händen,
Handelt er anders ja als ohne sie.
Stets sagen Frauen, daß sie lediglich   1790
Geliebt sein wollen. Doch von einem Niemand?
Das lügen sie. Einer königlichen Seele,
Der königlich zu schalten ist verwehrt,
Würden die Weiber schleunig überdrüssig.
Und weil beim Menschen, anders als beim Gott,   1795
Freiheit Gewalt heißt und Gewalt Verkettung,
Mußte, dich liebend, ich ein Schurke sein.

Jupiter   Hiervon stimmt nur: ein Schurke, wenn er liebt,
Wird höchstwahrscheinlich ein verliebter Schurke.
Klag dich an, Mensch, nicht deine Ketten immer.   1800
Klar durch Alkmene bist du widerlegt,
Die in der gleichen Welt lebt neben dir
Und so in Leibs und Geistes Form vollkommen,
Daß ich mir selbst sie ebenbürtig finde.

Amphitryon   Die in der Welt? Alkmene, meine Frau?   1805
Sie lebt so wenig in der Welt als Sie.
Sie leben drüber, sie noch nicht mal drin.

Alkmene   Mehr sagst du heute und mehr Ungewohntes

Als in zehn Jahren sonst von dir und mir,
Und neue Fragen fragst du mein Gefühl.   1810

Jupiter Laß du ihn reden, leicht ja geb ich Antwort.

Amphitryon Ein Fuß, lehrt Aeskulap, er bleibt vollkommen,
Von sanfter Haut, schönzehig, hoch gewölbt,
Wenn er nie geht. Der unbenutzte Fuß
Nur ist ganz Fuß. Aber ihm fehlt doch eins: 1815
Das Gehen, und soll Fuß sein, was nicht geht?
So rein ist diese, weil so unvermischt
In die Gesetze unsrer Nahrungssuche,
So frei ihr Handeln, weil so folgenlos,
So unbedingt, weil so unaufgefordert.   1820
Der Mann, der nicht die Welt verleugnen darf,
Kann sie doch auch nicht umstoßen, er nimmt,
Wie stark er sei, von ihrer Farbe an,
Indem er Krieg führt, herrscht, auf Kauffahrt geht.
Und jetzt fällt siegend einer da vom Himmel,   1825
Findet, sie paßt, die Himmlische, zu ihm,
Und zieht sie mir – und dies empfind ich, wie,
Was sonst mir zustieß, als höchst ungerecht –
Vor, weil ich mich in die Geschichte einließ.

Jupiter Nicht, daß im Zeitlichen du haftest, schilt man.   1830
Du mußt kein Gott, ein Mensch nur sollst du sein.

Amphitryon Ein Mensch, wie, da mich Krieg zum Krieger stempelt,
Herrschaft zum Herrn, zum Höker Hökerei.
Es ist von solchem Ernst die Welt beschaffen,
Daß nur ein Gott vermag, ein Mensch zu sein.   1835

Jupiter Was du da vor mich bringst im Jammerton
Eines zerzausten Kuckucks, übrigens
Doch auch nicht ohne Selbstgerechtigkeit,
All dies ist wahr, und anders wärs erdichtet.
Ein Ehemann ist kein Geliebter. Ein   1840
Feldherr kein Philosoph – die Philosophen,

Das im Vorbeigehn, schweigen wir von denen.
Der Mensch, im Tun und Nichttun, ist
Entschuldigt durch Notwendigkeit. Nur schrei nicht,
Du seist entschuldigt, also ohne Schuld. 1845
Dich, der du endlich bist, verlangt dich nie
Nach dem Unendlichen? Du, der du vieles
Niemals erreichst, kannst du als Lücke nicht,
Was außer deinem Zugriff liegt, empfinden?
Du bist begrenzt. Doch seine Grenzen sehn, 1850
Heißt schon sie überschreiten. Mann, Mann, Mann,
Nimm deine Mängel nicht als selbstverständlich,
Nimm nicht das Maß, dran du dich mißt, aus dir,
Das ist, was deine Liebe zu Alkmene
Dich, warst du je belehrbar, lehren mußte. 1855
Die Einsicht macht, daß er kein Mensch noch ist,
Den Menschen beinah menschlich. Und nun Schluß.

Amphitryon Leicht kommt zum Schlusse, der das Schlußwort
spricht.

Jupiter Geredet dünkt mich, was zu reden war.

Amphitryon Noch keine Lösung ward mir keiner Frage. 1860

Jupiter Nichts ist gelöst im Denken und im Sein.

Amphitryon Wie sollen sie und ich zusammenbleiben?

Jupiter Das Leben findet immer seinen Weg.

Amphitryon Ja, das mit Gerstenbrot und Efeubier.

Jupiter Das nicht allein, das der Empfindung auch. 1865

Amphitryon Wie aber, deutlich, stellen wir das an?

Jupiter Deutlich.

Amphitryon   Deutlich.

Jupiter   Nun denn, so will ich dich
In diesem einen Punkt: wie man vereinbart
Unkräftige Schönheit und unschöne Kraft,
An meiner schauenden Allwissenheit 1870
Teilhaben lassen und dir ganz genügen.

Er hebt die Hand, auftritt Merkur.

Merkur Herr, was hier immer ist, mehr nötig jetzt
Ist Ihre Gegenwart auf dem Olymp,
Wo eine Sache, sehr vermischt mit Völkern
Und Göttern, ansteht und nicht anstehn kann.   1875

Jupiter Recht ungelegen, Bote, kommst du mir.

Merkur *leise*
Sie riefen später, als ich rechnete.
Laut
Kein Aufschub, Herr, wo solche Pflicht uns heischt.

Sosias *wacht auf*
Wer sprengt mein Ohr? Das ist der kleine Gott,
Die Sau, die stets zu Prügeln mir verholfen.   1880

Merkur Du, Haustier halb, halb Ungeziefer, weg.
Er tritt ihn weg.

Sosias Die Götter sämtlich stehn mir bis zum Hals.
Verehrung fordern sie und führen ganz
Das gleiche Lumpenleben doch wie wir.
Ein Galgen voll von plumpen, großgewachsnen   1885
Bärnhäutern, aber machen dick
Mit Donner sich und Nebel. Piß auf sie.

Merkur In diesem Knurrn der jaulende Gesang
Erinnert mich an wen. Das Aussehn auch,
Zottig und triefäugig. Die Bestie hat was   1890
Sosiassches an sich. Jetzt schläft sie wieder.
Das muß der Hund sein von Sosias, der
Ihm ähnlich ward durch Nachfolg seiner Tugend.
Sosias beißt Merkur, seine Hundemaske wird golden.
Ich bin zerfleischt. Herr, Herr, mich biß der Köter
Des Philosophen.

Jupiter   Nein, der Philosoph.   1895
Er hat vom Blute der Unsterblichkeit

Geleckt, Merkur, und ist nun selbst unsterblich.
Und du, der ihn geheiligt, geh und führ ihn
Als deinen Schützling ein auf dem Olymp.

Merkur Oh, nicht auf dem Olymp. Das nicht. Nicht diesen. 1900
Das unentrinnbar und verödende
Geplätscher seiner Grundsätze, es würd
Vom Berg der Götter alles niederspülen,
Was auf ihm lebend ist, die Geister alle
Der Eschen und der Wiesen Nymphenschar, 1905
Und auf den Hängen, heilig noch beblüht,
Nur gelbe Kruste hinterlassen, Karst
Der platten Denkart. Nicht auf dem Olymp.

Jupiter Nun gut, so sei er als Gestirn befestigt
Am Firmament. Folg dem Merkur, Hundsstern, 1910
Und blinzle glanzlos in die Ewigkeit
Als Stern der Dürre, Quell der Trockenheit,
Leuchtturm des Nichts und Herr der langen Weile.

Sosias Ein Denker meines Schlags, des war ich sicher,
Wird noch nach Jahrmillionen angetroffen. 1915
Merkur geht hinkend mit Sosias ab.

Jupiter Ich aber, wie ihr hörtet …
Er geht nach oben ab. Auftritt die Nacht; sie treffen sich.
                       Was denn, Nacht,
Wer rief dann dich? So kurz war dieser Tag,
Daß die Laternenmänner, welche heim
Vom Lampenlöschen kehrn, denen begegnen,
Die fort, die Lampen anzustecken gehn. 1920
Zurück, zurück.
Die Nacht weigert sich und kommt.
                 Freilich, die letzte Nacht
War durch mein Wollen ja dem Tag entlehnt,
Und den Kalender, der jetzt Nacht vorschreibt,
Ganz umstoßen – Gott ja, es wär zu machen,

Doch Folgen hätte das, verzweifelt mühsam.   1925
Amphitryon Sie können doch nicht dulden …
Alkmene   Daß jetzt Nacht wird.
Jupiter Alkmene, sieh, und du, Amphitryon,
Es ist schon Nacht. Und nicht bleibt euch erspart –
Wenn jetzt nicht, später, so: warum nicht jetzt? –
Euch in der Nacht einmal zurechtzufinden.   1930
Zu Alkmene
Du nimm ihn, wie er ist, mit Nachsicht an:
Zwar nur dein Mann, doch immerhin ein Mann.
Zu Amphitryon
Du halt sie fest, liebend, obgleich vermählt,
Nicht fehlerlos, doch ahnend, was dir fehlt.
Zu beiden
Und lobt das Spiel, zu dem ich euch erkor.   1935
Ging auch nicht alles auf, es ging was vor.
Er steigt hinan, die Nacht herab.

Das Ende

Zu meinem »Amphitryon«

Es ist bekannt, daß der Amphitryon-Stoff schon von vier erstklassigen Dramatikern behandelt wurde. Das ist der Grund, warum ich ihn wieder behandle. Wären sie weniger erstklassig, wäre kein Anlaß, ihre Ergebnisse zu übernehmen.

Plautus hat den kraftvollsten Amphitryon geschrieben, Molière den geschicktesten, Dryden den frechst und sinnlichsten, Kleist den tiefsten. Jeder ist in seiner Weise unübertrefflich, aber der Versuch lohnt, ob nicht diese Vorzüge in einem Stück sich vereinigen lassen.

Kern des Stoffs ist die Frage, was geschieht, wenn ein Gott sich in die Hantierungen der menschlichen Gesellschaft einmischt. Man kann den Gott albern nehmen und ihn als komischen Ausbeuter verspotten; das haben Molière und Dryden getan. Man kann ihn aber auch – so Plautus und Kleist, so ich – wichtig nehmen.

Dann bedeutet Jupiter die Zusammenfassung und Verkörperung aller menschlichen Vermögen; dann erscheint er als der vollkommene Mensch unter den wirklichen Leuten wie Tarzan unter den Affen. Dann stört und fördert er die Welt, so wie menschliche Vollkommenheit allzeit die Welt stört und fördert.

Die Lage ist komisch und ernst zugleich. Plautus und Kleist haben die Komik vom Ernst getrennt: Plautus auf eine sehr schöne, aber unwiederholbare, Kleist auf eine verworrene Weise. Das heute Veraltete am Plautus liegt darin, daß er an die griechischen Götter glaubte, das heute Veraltete am Kleist liegt darin, daß er nicht an sie glaubte.

Kommentar

Editorische Notiz

Das Drama war im September 1967 fertiggestellt, die Uraufführung erfolgte am 17. Februar 1968 im Deutschen Theater Göttingen (Regie: Eberhard Pieper), der Erstdruck in der Zeitschrift »Theater heute« im Heft 3/1968, erste Buchausgabe im Eulenspiegel Verlag (Berlin 1969), Erstaufführung in der DDR am 7. November 1972 im Deutschen Theater Berlin (Regie: Friedo Solter). Es wurde, zunächst nur auf westdeutschen bzw. westlichen Bühnen, ab Anfang der siebziger Jahre auch auf ostdeutschen Bühnen, nach »Ein Gespräch im Hause Stein über den abwesenden Herrn von Goethe«, Hacks' erfolgreichstes Stück.

»Zu meinem ›Amphitryon‹« entstand im Herbst 1967 und wurde erstmals gedruckt zur Uraufführung der Komödie in »Blätter des Deutschen Theaters in Göttingen«, Programmheft Nr. 297 für die Spielzeit 1967/68, in einer Buchausgabe in »Die Maßgaben der Kunst. Gesammelte Aufsätze« im Claassen Verlag (Düsseldorf 1977).

Stück- und Essaytext dieser Edition folgen der Werkausgabe letzter Hand: Peter Hacks: Werke, Bd. 4 bzw. 15. Eulenspiegel Verlag, Berlin 2003. Bei Wahrung der orthographischen Eigenheiten des Dichters liegen ihnen die Regeln der alten Rechtschreibung zugrunde.

Anmerkungen

Personen – Die Götterbezeichnungen bei Hacks sind, Plautus (254–184 v. u. Z.) folgend, meist römisch-lateinisch. Jupiter entspricht dem griechischen Zeus, Merkur dem Hermes; die sonstigen Personennamen folgen in der Schreibung Kleist, der sie von Molière übernommen hatte. Zum mythologischen Hintergrund und zur Vorgeschichte der Dramenhandlung siehe Nachwort.

Theben – Amphitryon diente dem thebanischen König Kreon als Feldherr, nachdem er aus Mykene – und als König von Troizen – vertrieben worden war. Schon bei Plautus findet sich, im Gegensatz zu den realen geografischen Gegebenheiten, in der Nähe der Stadt ein Hafen bzw. eine Meeresbucht. Bühnenanweisung

Masken – Im Theater der Antike trugen die Schauspieler neben den Kothurnen, hochsohligen weiten Stiefeln mit Schnabelspitze, meistenteils auch Masken, die Grundtypen bzw. Rollen charakterisierten. Hacks stellt, damit Plautus und auch anderen Dramenversionen folgend, das Theatralische heraus, den Spielcharakter des Komödientextes, wie generell im Drama.

I

1 **heiliger Herd** – Für den häuslichen Herd gab es in der Antike eine eigene Gottheit, Vesta, griechisch Hestia. Die Rolle der verheirateten Frau im alten Griechenland war auf die der Hausfrau beschränkt. Hier Anspielung auf das Frauenbild Amphitryons. Literatur wie staatliche Familienpolitik in der DDR wandten sich gegen solch ein überholtes Frauenbild.

10 **zopfige** – hier: überholt und lächerlich. Seit der Französischen Revolution galt die Mode des 18. Jahrhunderts, nach der Männer ihr Haar zu einem Zopf banden, als veraltet, rückständig und pedantisch.

18 **Vier Mal nach Hause** – Amphitryons vier Kriegszüge sind nach den Versionen des Mythos und den verschiedenen Dramenfassungen nicht eindeutig zuzuordnen.

33 **Olymp** – Sitz der antiken Götter (im griech. Olympos-Gebirge).

91 f. **vom / Umwölkten Berg** – Olymp; ein Beiname des Zeus war Wolkensammler.

133 ff. **Ich wollt, es wäre Nacht** – Merkur muss Zeus daran erinnern, dass er auch Gebieter über die Zeit ist. Die Nacht ist in der griechisch-römischen Antike personifiziert als Göttin Nyx/Nox. Vgl. auch Anm. zu 1184 ff.

157 **Stichwort** – hier: letztes Wort eines Schauspielers, nach dem ein anderer den Text fortsetzt; Anspielung auf das Theaterspiel.

179 **Rolle** – Anspielung auf das Theaterhaft-Inszenierte von Jupiters Auftritt gegenüber Alkmene; Merkur agiert als Regisseur, der pedantisch dem Text folgt.

188 **Dann leihn Sie mir den Donner** – Blitz und Donner sind Insignien des Göttervaters und Wettergottes Zeus.

199 **Schwan** – Leda, der Ehefrau des Spartanerkönigs Tyndareaus/Tyndareos, näherte sich Zeus, um der Aufmerksamkeit seiner eifersüchtigen Gattin Hera zu entgehen, in Gestalt eines Schwans.

200 **Elektryon** – Vater der Alkmene.

204 **beim Styx** – In der antiken Mythologie der Fluss, auf dem der Fährmann Charon die Verstorbenen in die Unterwelt, den Hades, übersetzte.

231 **vom schwarzen Libyen** – Libyen war in der Antike auch Synonym für Afrika.

232 **zu dem weißen Pol** – In der Antike war von vereisten Polgebieten noch nichts bekannt.

259 ff. **Teleboerschlacht** – Amphitryons Feldzug gegen die Teleboer oder auch Tapher (Taphier); die Bewohner der Taphischen Inseln galten in der Antike als berüchtigte Piraten. Teleboa (Teleboia) als Hauptinsel kann als das heutige Meganisi im Ionischen Meer identifiziert werden.

271 **Pterelaos** – herrschte von der Insel Teleboa aus als König über die Tapher.

285 **Quai** – fr. für: Kai. Hacks bevorzugt bei Fremdwörtern oft ältere (französische) Orthographie.

309 **Klepper** – alter Gaul, minderwertiges Pferd.

318 **Idas … Weide** – Ida-Gebirge, hier vermutlich der Gebirgszug in Kleinasien, südöstlich von Troja, und nicht das gleichnamige Massiv auf Kreta.

319 **Diktes Grotte** – Grotte im Berg Dikte auf Kreta, dort wurde einer Version des Mythos zufolge der neugeborene Zeus von seiner Mutter Rhea vor dem Vater Kronos verborgen, der die fünf älteren Geschwister aus Furcht, er könne als Götterherrscher von einem seiner Kinder entthront werden, verschlungen hatte.

320 **Zephir** – Windgottheit der griechischen Mythologie, die für einen feuchtwarmen Westwind steht.

357 f. **krachend / Sich auftät unter dem ägäischen Meer** – Ägäis, das Mittelmeer zwischen Griechenland und der heutigen Türkei. Möglicherweise auch eine Anspielung auf die vulkanische Santorin-(Thera-)Eruption um 1500 v. u. Z., die in den sechziger Jahren noch mit dem Untergang der minoischen Kultur in Zusammenhang gebracht wurde.

Bühnenanweisung zu 380

Schnürboden – Raum über der Bühne, in dem Kulissen und Beleuchtung eingehängt werden können. Hier Hinweis auf die Nacht als Effekt von Bühnentechnik.

382 ff. **Alter, sagt er …** – Im Folgenden wird auf die sophistische Schule der griechischen Philosophie und deren erkenntnistheoretischen Skeptizismus angespielt; der Zweifel der Sophisten an der Objektivität von Wahrheit verband sich mit einem Anspruch auf unmittelbaren Handlungsbezug des Philosophierens. Sosias' Argumentationsfiguren im Umgang mit der Realität erinnern an die berüchtigte Schrift des Sophisten Gorgias von Leontinoi »Über das Nichtseiende oder

die Natur«. Einige Ausführungen des Philosophen im Verlaufe des Stücks lassen sich auch auf Hacks' überaus kritisches Verhältnis zur Philosophie Heideggers (hier insbesondere der Subjektphilosophie) oder zur Sprachphilosophie Wittgensteins beziehen.

398 f.   **der Mensch als Mensch, / Wo er sich wohl fühlt, irrt ...** – Vgl. auch Goethes »Faust I«, Prolog im Himmel: »Es irrt der Mensch, solang er strebt.« (Vers 317)

403   **hoffärtige** – dünkelhaft, sich, oft unberechtigt, überlegen fühlend.

415   **Karstgestein** – Kalk- bzw. Gipsgestein, dessen Wasserlöslichkeit zu starken Verwitterungserscheinungen führt, sogenanntem Karst; auf dem Balkan häufig.

417   **Merkurssäule** – Hermessäulen, sogenannte Hermen, die zum Gedenken an den Beschützer der Wege errichtet wurden. Säulenform und Phallusdarstellungen spielten darauf an, dass Hermes auch ein Fruchtbarkeitsgott war.

424 ff.   **Wo, weiß ich nicht** – Anspielung auf einen Ausspruch des Philosophen Sokrates: »Ich weiß, dass ich nichts weiß.« Allerdings strebte Sokrates eine Überwindung der sophistischen Denkweisen an.

437   **In Wallung zu geraten an der Galle** – Nach der Viersäftelehre (Humoralpathologie) der antiken Medizin leitete sich der cholerische Charakter von einem Überfluss an gelbem Gallensaft her.

Bühnenanweisung nach 457

Lazzi – kabarettistische Anspielungen oder mimisch-clowneske Einlagen in der italienischen Commedia dell'arte, hier pantomimische Gesten zweier Schauspieler, von denen einer das Spiegelbild simuliert; theatertypische Situationskomik.

488   **Wissenschaft der Ethik** – bezieht sich auf die kynische Schule der griechischen Philosophie (griech. kyon = Hund) und deren Ethik; Hauptvertreter Antisthenes und Diogenes von Sinope. Zweck menschlichen Handels ist danach Tugend – als Bedürfnislosigkeit (»leben wie die Hunde«), die wiederum Unabhängigkeit (von irdischen Dingen wie Eigentum) sichert.

502   **Hund** – zu den zahlreichen diesbezüglichen Anspielungen bis zur Erhebung des Sosias in die Unsterblichkeit als Hundsstern (Apokynosis) vgl. Anm. zu 488.

503   **Davus** – Vater des Sosias.

525   **Troizen** – Stadt auf der griechischen Halbinsel Argolis.

534   **mit einer Lampe** – Das Motiv existiert schon bei Plautus. Von Diogenes von Sinope wird die Anekdote überliefert, er sei tagsüber mit einer Laterne über den Marktplatz von Athen gegangen, wozu er

erklärt habe, er suche einen wirklichen Menschen. In Nietzsches »Die fröhliche Wissenschaft« (Aphorismus 125) wird daraus die Suche nach Gott. Sosias sucht nichts.

547 **dogmatisch** – ursprünglich von Dogma, kirchensprachl.: verbindlicher Glaubenssatz, später so viel wie starrsinnig, doktrinär. Im Streit um Marx-Engels-Lenin-Interpretationen zwischen marxistischen Lagern häufig polemisch gebrauchtes Wort, das jeweils den Gegner eines starren bzw. falschen Verständnisses der wahren Lehre (des Marxismus) zieh. Sosias' Weigerung, sich auf Beweise einzulassen, entspricht Hacks' Beurteilung der Sokratischen Philosophie und ihrer Nachfolger: Er war der Meinung, dass sie die Anstrengungen philosophischer Begriffe und Systeme gescheut hätten.

560 **Lehre der Gemütsausgleichung** – Kern des Denkens der griechisch-hellenistischen Philosophenschule der Stoiker war das Ideal des Weisen, der seine Affekte und Begierden bekämpft, innere Unabhängigkeit, Gemütsruhe, also Gelassenheit unter allen Umständen bewahrt. Allerdings ist diese Haltung bei den Stoikern, im Gegensatz zu der des Sosias, auf Welterkenntnis begründet.

570 **Sind Namen Dinge?** – Anspielung auf die Fragestellung nach dem Verhältnis zwischen Namen bzw. Zeichen (nomina) und Dingen (realia) im sogenannten Universalienstreit in der mittelalterlichen (scholastischen) Philosophie, die von Hacks, im Gegensatz zu späteren Einschätzungen, seinerzeit als inhaltsleer sehr negativ beurteilt wurde.

582 **Regenschirm** – Anachronismus; die Erfindung und der Gebrauch von Regenschirmen wird gewöhnlich weitaus später datiert.

585 **Quersack** – Doppelsack, den man sich über die Schulter hängen kann; eines der Erkennungszeichen der Kyniker.

591 **Der Weisheit Krone ist die Seelenruhe** – vgl. Anm. zu 560.

II

617 **Zur feilen Gattin** – Feil bedeutet eigentlich käuflich, hier im Sinne von untreu bzw. nicht auf eheliche Treue bedacht.

640 ff. **mein Nicht-Ich …** – Hier folgt Sosias' Argumentation zentralen Aussagen der Identitätsphilosophie Johann Gottlieb Fichtes, von Hacks parodistisch intendiert. Die Protagonisten von Heinrich von Kleists »Amphitryon«-Drama bewegen solche Identitätsprobleme bis hin zu tragischen Aspekten, für Kleist in erster Linie Folge der Erkenntniskritik in Immanuel Kants Transzendentalphilosophie.

682 **Unbill** – veraltet für: Beschwernisse, Hindernisse.

721 **ihrer stillen Weise** – Im Prolog von Goethes »Faust I« (Vers 243) ist es die Sonne, nicht die Nacht, die »nach alter Weise« tönt.

729 **Helios** – der Sonnengott der griechischen Mythologie, der den von vier Pferden gezogenen Sonnenwagen über den Himmel lenkt, oft auch mit Apollon, dem Gott des Lichts, identifiziert.

730 **den Liebsten mir aus Kreons Heer** – Im Mythos war Alkmene Amphitryon bereits vor dessen Flucht nach Theben versprochen bzw. mit ihm vermählt.

741 **des Gebirges Kamm** – wahrscheinlich das Teumessos-Gebirge in der griechischen Landschaft Böotien, wo die Stadt Theben liegt.

765 f. **O großer Jupiter! wenn du ein Mal / Die Ehe auch zu schützen bist geneigt** – Der Schutz der Ehe oblag Hera (lat. Juno), der Gattin des Jupiter, der wiederum ein notorischer Ehebrecher war.

804 **Lorbeerblätter** – der Lorbeerkranz als Ehrenzeichen, für Dichter und Sportler im alten Griechenland (regional auch Ölbaum- und Eppichblätter), für siegreiche Feldherrn erst in römischer Zeit üblich.

812 **Recke** – Held, Krieger.

815 ff. **… wie es kam zu dieser Schlacht …** – Amphitryon argumentiert nach einem in den sechziger Jahren geläufigen Lenin-Zitat: »Der Krieg ist die Fortsetzung der Politik einer Klasse […]« Lenin griff dabei auf einen Satz des Militärtheoretikers Carl von Clausewitz zurück: »Der Krieg ist eine bloße Fortsetzung der Politik mit anderen Mitteln […]«

819 **Herold** – Verkündiger; hier: Bote, Abgesandter.

823 **Hades** – Unterwelt, das Reich der Toten in der antiken Mythologie; eigentlich deren Herrscher, der Totengott.

841 **Tempelmädchen** – weibliche Hierodulen, d. h. Tempeldienerinnen bzw. -sklavinnen, die sich an bestimmten antiken Kultanlagen den Besuchern, meist gegen ein Tempelopfer, sexuell hingaben (kultische Prostitution). In der Forschung nicht unumstritten, inwieweit Realität oder Fiktion.

875 **Vor fünf Monden** – vor fünf Monaten.

891 **Bohle** – auf den Schiffsplanken.

903 **eingeländert** – hier im Sinne von eingezäunt, geschützt, geprüft.

905 **von … sicher** – veraltete, seltene Form für: vor etwas sicher sein.

941 **Die Lehre … von den Identitäten** – vgl. Anmerkung zu 640 ff. Auch parodistischer Bezug zur Mode der psychologischen Selbstfindung, auf der Psychoanalyse basierend; literarisch siehe dazu das Werk Max Frischs.

957 f. **Hanf ... Lorbeerlaub** – Haschischrauchen: eine Anspielung auf modischen Drogenkonsum der sechziger Jahre. Lorbeer wurden in der Antike vielseitige Wirkungen zugeschrieben, so galt es als Mittel für das Hellsehen; von Pythia, der Priesterin des Orakels von Delphi, wird u. a. der beschriebene Gebrauch des Lorbeers berichtet.

963 **Die Helle, die des Ostens Dämmer bleicht** – Eos, die Göttin der Morgenröte (lat. Aurora).

1041 ff. **Sie ...** – Der Wechsel vom Du zum Sie (und umgekehrt) findet sich auch in Giraudoux' »Amphitryon 38«, dort betrifft es allerdings Jupiter: Noch bis in die Gegenwart ist es in bestimmten gesellschaftlichen Kreisen Frankreichs nicht unüblich, dass sich Ehepaare siezen.

1076 **Schiffbruch meiner Sinne** – hier zunächst im Sinne von scheiternder Sinneswahrnehmung, die am Verstand zweifeln lässt; metaphorisch auch auf den Verlust der Ehe als eines sicher geglaubten Hafens beziehbar, den Amphitryon freilich auch für die im Hafen zu erwartende Ehrung als Feldherr hintenanstellt.

1090 **dieser buhlerische Schatte** – der schattenhaft-nichtfassbare Nebenbuhler Jupiter.

1154 **tifteln** – Nebenform von tüfteln, hier ironisch so viel wie im Gespräch eine Sache bis in die feinsten Einzelheiten hinein verfolgen, angestrengt nachsinnen.

1184 ff. **Bestialische Physik** – Jupiter macht im Folgenden gegenüber der Nacht geltend, dass er als gewissermaßen deistischer Weltenschöpfer zugleich ihre physikalischen Gesetzmäßigkeiten geschaffen habe, so dass er nicht mehr einzugreifen brauche – dass er aber auch wieder anders könne. Der Deismus der Aufklärung verstand Gott als ersten Beweger, der nach der Schöpfung nicht weiter in die Natur und das Weltgeschehen eingreife, und war z. B. grundlegend für das Weltbild eines Isaac Newton.

1186 **im Schwange** – hier: die einmal im Schwange ist.

1198–2002

gedrängt ... Universen – Jupiter argumentiert – ein Anachronismus – für seine Liebe mit der Urknalltheorie der modernen Physik, wonach das Weltall Resultat der plötzlichen Ausdehnung eines punktuellen überdichten Zustands in Raum, Materie und Zeit ist. Er selbst zwingt die Nacht zu einer Verletzung der Naturgesetze, die er als Weltenschöpfer zu verantworten hat. Daneben ist an Goethes »Faust I« zu denken – Mephistopheles: »Ich bin ein Teil des Teils, der anfangs alles war [...]« (Vers 1349)

III

1243 **Phöbos ... die dunkle Schwester** – Griech. Phoibos, der Leuchtende, ist Beiname des Lichtgottes Apollon; Schwester: die Nacht; allerdings ist Apollon kein Bruder der Nyx, vgl. Anm. zu 133 ff.

1252 **Feldherrnkranz ... Lorbeers** – Amphitryon hat seinen goldenen Lorbeerkranz als siegreicher Feldherr erhalten.

1275 **Bube** – veraltet für: Schurke.

1319 **Naturrecht** – auf die griechische Antike zurückgehender, vor allem seit der Aufklärung bedeutsamer rechtsphilosophischer Begriff; ist als die Ausstattung jedes Menschen mit gleichen, unveräußerlichen Rechten, aber auch als Recht des Stärkeren interpretiert worden.

1332 **Heupferd** – Heuschrecke.

1334 **Kerbtier** – Insekt.

1351 **Helmbusch** – Helmschmuck aus Rosshaar oder Federn.

1401 **Vorwerk ... Rammbaum** – Vorwerk: Landgut (auch Hof), das zu einem größeren Besitz gehört und abseits liegt. Der Rammbaum, ein Werkzeug u. a. zur gewaltsam-kriegerischen Öffnung von Stadttoren bzw. Toren von Befestigungsanlagen, ist im Handlungskontext auch ein ironisch-vieldeutiges Phallussymbol.

1409 ff. **Lustspiel alter Schule ... Nebenrollen** – bezieht sich unter anderem auf Plautus; der schuf mit der Einführung der Figur des Sklaven Sosias eine Rolle, die den Stoff für die damalige Bühne ausdrücklich komödientauglich machte, auch hinsichtlich der Derbheiten der römischen Komödie, vor allem des Mimus. Außerdem ist damit auf das dramenpoetische Prinzip der Ständeklausel verwiesen, nach der in Bezug auf die Bühnenfiguren Tragik höheren (Göttern, Königen, Helden) und Komik niederen Ständen bzw. Schichten angemessen ist und die bis ins 19. Jahrhundert fortwirkte. Exemplarisch für das Lustspiel in der Volkstheater-Tradition steht die italiensche Commedia dell'arte.

1424 **Topp** – siehe auch die Wette zwischen Faust und Mephistopheles in Goethes »Faust« (Vers 1698).

1454 **dawider** – dagegen.

1477 ff. **Der Mensch, Herr ...** – Sosias bezieht sich auf die Vier-Elemente-Lehre der griechischen Naturphilosophie, deren Kern auf Empedokles zurückgeht, und auf die Atomistik, vor allem des Demokrit, nach der die Naturdinge aus kleinsten, unteilbaren Atomen verschiedener Form bestehen.

1505 **stellt doch die Uhr ab** – Anachronismus, über mechanische Uhren verfügte die Antike nach bisherigem Wissen nicht.

1525 **räudig** – Räude ist eine insbesondere tierische Hauterkrankung, die das Fell struppig und unrein erscheinen lässt.

1540 f. **das tote Schildpatt ...** – Dem Mythos nach schuf Hermes noch als Kind die erste Leier (Lyra) aus der Körperhülle einer von ihm getöteten Schildkröte und dem Gedärm gestohlener Kühe.

1558 **Gekröse** – Unterleib bzw. Eingeweide.

1566 **Totenrichter** – Nach den antiken Vorstellungen von der Unterwelt, dem Totenreich, mussten sich die dort neu Angekommenen Totenrichtern stellen.

1623 **als ein Doppelwesen** – Mythos von den Menschen als geteilten Doppelwesen, die ihre verlorene Hälfte in sehnsüchtiger Liebe suchen, siehe dazu die Rede Aristophanes' über den Eros in Platons Dialog »Symposion«; Eros ist der antike Gott der Liebe, lat. Amor.

1631 f. **Das Chaos ...** – in antiken Vorstellungen ursprünglich die grenzenlose göttliche Leere als Anfangszustand der Welt, später der ungeordnete Urstoff, aus dem – von Zeus/Jupiter – die Welt hervorgebracht wurde.

1640 ff. **Welten / Von denen ... / Die beste** – Anspielung auf die Rechtfertigung Gottes (Theodizee) des deutschen Aufklärungsphilosophen Leibniz, wonach die erschaffene Welt die beste aller möglichen Schöpfungen sei. Bei Hacks finden sich Formulierungen, nach denen der Sozialismus die beste aller wirklichen Welten sei.

1659 **Kosmogonie** – Lehre oder Mythos von der Entstehung der Welt.

1747 **Fortunas** – römische Göttin des Glücks und des Schicksals, entspricht der griechischen Tyche.

1760 ff. **Zahl der Truppen ...** – Die Praxis der Hauptleute und Unterfeldherrn, falsche Informationen über Ausrüstung und Truppenstärke nach »oben« zu liefern, ist auch als Anspielung auf Gepflogenheiten in der Planwirtschaft der DDR zu lesen.

1781 **Es geschah für dich.** – Das in der vorhergehenden Schilderung der Schlacht gezeichnete Verhalten des Protagonisten ist oft als Beleg für die humanen Defizite des Amphitryon gelesen worden, der sich wenig später (1898) ja selbst als Schurke, freilich aus Notwendigkeit, beschreibt. Viel eher ist hier an das virtuose Agieren des Odysseus in Heiner Müllers Drama »Philoktet« (1965) zu denken, das Hacks mit kritischer Bewunderung gelesen hatte und hier ironisch paraphrasiert.

1812 **Aeskulap** – lat. nach Asklepios, dem griechischen Gott der Heilkunst.

1824 **Kauffahrt** – steht hier für Geschäftsmann, Händler als Beruf.

1833　**Höker** – veraltet für: Kleinhändler, hier abfällig für Geschäfts-
　　　mann.

1850 f.　**Doch seine Grenzen sehn …** – Jupiters Ausspruch geht auf die
　　　dialektische Philosophie G. W. F. Hegels zurück; die Wendung findet
　　　sich, in abgewandelter Form, bei Hacks auch andernorts.

1864　**Efeubier** – Bier galt in der griechischen Antike als minderwertiges
　　　Getränk. Efeu diente als Würzmittel, dessen toxische Wirkungen
　　　trugen auch zur Rauschverstärkung bei.

1904 f.　**Geister … Nymphenschar** – Nymphen waren in der Vorstellung
　　　der alten Griechen weibliche Geister, deren Wohnsitz bestimmte
　　　Naturerscheinungen waren, es gab Baumnymphen – Dryaden,
　　　Wiesennymphen – Leimoniaden, und die Meliai waren Eschen-
　　　nymphen.

1910　**Hundsstern** – Sirius, hellster Fixstern und Hauptstern im Sternbild
　　　Großer Hund, galt als Stern der Dürre.

Essay

Plautus – Titus Maccius Plautus (um 250–184 v. d. Z.), römischer
Dichter: »Amphitruo«.

Molière – eigentlich Jean Baptiste Poquelin (1622–1673), franzö-
sischer Komödiendichter: »Amphitryon« (1668).

Dryden – John Dryden (1631–1700), englischer Dichter: »Amphitryon,
or the Two Sosias's« (1690).

Kleist – Heinrich von Kleist (1777–1811) deutscher Dichter:
»Amphitryon. Ein Lustspiel nach Molière« (1807).

Nachwort

Als Peter Hacks im September 1967 den »Amphitryon« fertigstellte, war dies sein zwölftes Theaterstück, und er befand sich mit diesem Werk an einem bemerkenswerten Scheitelpunkt seines Weges als Dramendichter.

In einem Interview vom Dezember 1964 hatte er sein bisheriges Dramenschaffen folgendermaßen beschrieben: »Anfangs, in Westdeutschland, hielt ich es für ein hinreichendes Grundthema, die Klassengesellschaft zu widerlegen. Eine Weile später entdeckte ich dann, daß das schon andere vor mir besorgt hatten. Meine nächsten Stücke – wenn ich vereinfache – handelten über die Pflicht des Menschen, sich zu emanzipieren; es waren Geschichten von Leuten, die sich ihrer Schranken entledigen, wie ›Die Schlacht bei Lobositz‹ und ›Die Sorgen und die Macht‹, oder solche, die gegen unemanzipierte Seelen, gegen lakaienhafte und opportunistische Haltungen polemisierten [...] Meine letzten Stücke finden auch diese Fragen nicht mehr sehr aktuell, wir sind weiter. Sie beschäftigen sich mit dem emanzipierten Menschen und seinen Widersprüchen zu einer nicht oder nicht vollkommen emanzipierten Gesellschaft. Davon handeln meine letzten Stücke: der ›Frieden‹, der ›Tassow‹ [...]«

Begonnen hatte Hacks mit einem Dramentypus, den man als von Brecht beeinflusstes dialektisch-didaktisches Volksstück umschreiben kann, und zwar zunächst in Form von Historien. »Die Sorgen und die Macht« war der erste Versuch gewesen, sich der DDR-Realität direkt anzunehmen. Hacks folgte damit kulturpolitischen Forderungen, wie sie Anna Seghers 1956 auf dem IV. Schriftstellerkongress erhoben hatte, nämlich neue Stoffe zu entdecken, womit vor allem die Sphäre der materiellen Produktion gemeint war. – Auch Brecht hatte einen solchen Versuch unternommen und war, wovon die »Büsching«-Fragmente zeugen, ästhetisch gescheitert. – Drei Fassungen, für Hacks ungewöhnlich, zeugen von den Schwierigkeiten, die er hatte, den Gegenstand dramatisch zu gestalten – ungeachtet anderer Probleme. Noch einmal setzte er mit »Moritz Tassow« an, der, wohl auch unter dem Eindruck von Heiner Müllers »Die Umsiedlerin«, die Umwälzungen im Bereich der Landwirtschaft im Umfeld von Bodenreform und Kollektivierung thematisiert. Lange bevor der »Tassow« aufgeführt werden sollte, hatte allerdings Hacks ein anderes Stück auf die Bühne gebracht, seine Bearbeitung von Aristophanes' »Der Frieden«.

Dass Hacks neue Pfade zu nehmen entschlossen war, hatte sich bereits angedeutet. In dem Aufsatz »Versuch über das Theaterstück von morgen« von 1960 beschrieb er seine dahingehenden Erwartungen und ließ einen Kritiker auftreten und kommentieren: »Es riecht nach Klassik.« Um einige Dialogpartien weiter die Katze aus dem Sack zu lassen: Nach sozialistischer Klassik. Das war keinesfalls mehr der sogenannte Bitterfelder Weg, auf dem sich Kulturpolitik und respektable Teile der DDR-Literatur noch bis weit in die Sechziger wähnten und der dahin ging, einerseits als Schriftsteller Erfahrungen in der Produktion zu machen bzw. diese literarisch zu gestalten, andererseits schreibende Arbeiter an die Literatur heranzuführen. Den Realismusbegriff mit dem des Klassischen verbindend, bewegte Hacks sich in Richtung einer »postrevolutionären Dramaturgie« (wie es im Untertitel seiner Aufsatzsammlung »Das Poetische« von 1972 heißen sollte). Diese bedürfe in einer in der DDR bereits hergestellten sozialistischen Ordnung nicht mehr der revolutionär-aufklärerischen Geste und habe, da nun alle Widersprüche als lösbare aufträten, das Verhältnis von unvollkommener Wirklichkeit zur Utopie darzustellen, was in der Realität nur als »ein Prozeß des sich Vervollkommnens« vorgestellt werden könne – eine gleichsam geschichtsphilosophisch entschärfte Dialektik des Hegelianers Hacks. Mit dem »Amphitryon« spätestens lieferte der Autor *das* dramenästhetische Exempel dafür. Er selbst meinte zudem, in diesem Stück endgültig zu seinem Stil gefunden und sich als Komödiendichter definiert zu haben, wobei Letzteres vor allem die Emanzipation vom Übervater der Dramatik jener Jahre, Brecht, bedeutete. Nebenbei war das Stück für den Dichter auch der Beginn eines enormen materiellen Erfolgs – der wiederum Unabhängigkeit vom Theater und Distanz zum literarischen Leben garantierte, was sich in bestimmten souverän-kritischen Attitüden etwa des Essayisten Hacks widerspiegelte.

Die von Hacks entwickelte Dramenkonzeption, nach der das Komische aus der Konfrontation des mangel- und fehlerhaft Realen mit dem Utopischen erwachse, geschichtsphilosophisch formuliert: aus der Differenz des realen Sozialismus, der besten aller wirklichen Welten, mit der besten aller möglichen – diese Konzeption brachte eine eigene ästhetische Widersprüchlichkeit hervor. Sie disqualifizierte im Grunde die Tragödie geschichtsontologisch und rückte die Komödie in ein Licht, in dem sie gewissermaßen »als veranschaulichtes Geschichtstelos« (Andrea Jäger) wirken und somit als Apologie des Bestehenden (des Sozialismus) verstanden werden musste. Das hatte Konsequenzen für die Aufnahme des Dichters. Die Aufführungspraxis seiner Stücke sowie die Rezeption des 1967 fast vierzigjährigen Dramatikers hatten sich bis dahin durch grundlegende Missverständnisse ausgezeichnet, die sich heute nur erschließen, wenn man daran erinnert, dass zwei deutsche

Staaten existierten, von denen der größere, die BRD, in seiner Staatsdoktrin den kleineren, die DDR, als nichtexistent ansah – in den fünfziger und sechziger Jahren unter dem Vorzeichen eines mehr oder weniger offenen kalten Krieges, der auch und insbesondere auf kulturpolitischem Gebiet ausgetragen wurde. Das führte etwa zu dem Paradoxon, dass die Kritik dem Dichter unter politisch oft entgegengesetzten Prämissen mit den gleichen Argumenten begegnete. Ein Hauptvorwurf lautete, spätestens seit 1962, er habe sich »in die Antike geflüchtet« (so das »Neue Deutschland«). Ähnlich interpretierte der damals noch befreundete Dramatiker Heinar Kipphardt Hacks gegenüber den »Amphitryon« als Rückzug vor der Auseinandersetzung mit der (DDR-)Realität, ein Argumentationsmuster, das sich vor allem in der westdeutschen Kritik und bis heute wiederholt: Hacks habe sozialistischen Biedermeier geliefert. Eine literarisch äußerst produktive Antike-Rezeption, zu deren Quellen sicher auch Brechts »Antigone«-Projekt gehörte, wurde im Übrigen in der Folgezeit zu einem Charakteristikum der DDR-Literatur, von Karl Mickel über Heiner Müller bis Franz Fühmann und Christa Wolf.

Schon mit der Uraufführung der »Eröffnung des indischen Zeitalters« im März 1955 in München (seines von der Entstehungsgeschichte her zweiten Dramas, in späterer Fassung »Columbus, oder: Die Weltidee zu Schiffe« betitelt) hatte Hacks einen Achtungserfolg als vielversprechendes Theatertalent errungen. Aber die im gleichen Jahr erfolgte Übersiedlung in die DDR behinderte über ein Jahrzehnt lang Westaufführungen seiner Stücke, zumal er sich 1961 positiv zum Mauerbau äußerte. Es erging Hacks da wie Brecht, der ein wesentlicher Grund für Hacks' Übersiedlung in den Osten gewesen war (auch wenn der auf die Anfrage des jungen Dichters keineswegs dazu geraten hatte: »Gute Leute sind überall gut.«): Brecht stand für Antikapitalismus, intelligenten, eigenständigen Marxismus und die glückliche Verbindung von Literatur und Theater, nicht zuletzt von Staats wegen.

Wenn man davon absieht, dass Hacks in der Spielzeit 1963/64 mit der Komödie »Ein doppeltes Spiel« das in Westdeutschland meistgespielte Stück geliefert hatte, freilich unter dem Pseudonym Saul O'Hara, wurde er erst 1966/67 wieder ernsthaft auf westlichen Bühnen präsent. Im Kontext der Politisierung der westdeutschen Öffentlichkeit am Vorabend von 1968 gewann er neues Interesse als ein Dichter, der in der Schule Brechts gesellschaftskritisch-aufklärerische Dramatik verhieß, wie auch seine nach der »Eröffnung des indischen Zeitalters« praktisch nur in der DDR aufgeführten Stücke der fünfziger Jahre nahelegten. Daneben war Hacks mit »Der Frieden« 1962 am Deutschen Theater Berlin (Ost) ein derart fulminanter Bühnenerfolg gelungen, dass die westliche Theater- und die Literaturszene ihn kaum mehr übersehen konnten. Überdies hatte er mit seinen Dramen »Die Sorgen und die Macht« und »Moritz Tassow« Schwierigkeiten mit der Kulturpolitik in der DDR bekommen und schien als (staats-)kritischer Autor im linken wie im weniger linken Spektrum legitimiert. Diese Auseinandersetzungen erreichten selbst den VI. Parteitag der SED und führten 1963 unter anderem zum Rücktritt des Intendanten des Deutschen Theaters, Wolfgang Langhoff, und beendeten Hacks' Beschäftigung als Dramaturg des Hauses. 1965, auch im Kontext des kulturpolitischen Rundumschlags auf dem 11. Plenum des Zentralkomitees der SED, setzte man die vom Publikum begeistert aufgenommene »Tassow«-Inszenierung nach wenigen Aufführungen ab – und Hacks' Stücke, bis auf den »Frieden«, wurden bis Anfang der siebziger Jahre auf östlichen Bühnen gescheut, was vor allem »Amphitryon« betraf, der erst 1972 DDR-Premiere hatte, nachdem er im Westen seit seiner Uraufführung im Februar 1968 längst zum festen Bestandteil des Repertoires geworden war und auch vielen anderen seiner Werke den Weg auf die Theaterbühnen eröffnete. Was den langfristigen Erfolg anging, sollte »Amphitryon« nur noch vom Monodrama »Ein Gespräch im Hause Stein über den abwesenden Herrn von Goethe« (1976) übertroffen werden. Da begann schon Hacks' Parteinahme gegen den Liedermacher in der Biermann-Affäre die Aufnahme seiner Werke negativ zu beeinflussen.

II

Im »Amphitryon« hatte sich Peter Hacks eines der meistbearbeiteten Stoffe der Weltliteratur angenommen, bis heute sind über sechzig dramatische Versionen gezählt worden. Er trat in die Fußstapfen großer Vorgänger und reihte sich ein in eine weit über zweitausendjährige Geschichte von Dramenbearbeitungen dieses Stoffes. In dem kurzen Essay »Zu meinem ›Amphitryon‹« bezog er selbst sich auf die Dramenversionen von Plautus, Molière, Dryden und Kleist, und er bekannte, die Vorzüge all dieser Stücke in einem vereinen zu wollen. Bezeichnend für sein Selbstbewusstsein: So wie Kleist sich mit seinem Werk in einem musischen Wettstreit mit Goethe und Schiller gesehen hatte, trat Hacks mit dem Anspruch an, sich der Konkurrenz der Weltdramatik zu stellen und sie womöglich zu überbieten. In dem mehrfachen Rückbezug – zum antiken Mythos, zu einigen Höhepunkten der dramatischen Weltliteratur und zur Weimarer Klassik – waren Stoff bzw. Vorlagen für den neuen sozialistischen Klassiker ideal. So vorgeformt, enthoben sie all der Probleme mit widerspenstigen, dramaturgisch schwer und formal nur unbefriedigend zu bewältigenden Gegenwartsstoffen – und nicht zuletzt konnte der Klassik-Kritiker Kleist auf klassische Weise korrigiert werden.

Die Fabel des Dramas geht auf den altgriechischen Mythos zurück, genauer: den thebanischen Sagenkreis mit seinen weitverzweigten und teils sich widersprechenden oder voneinander abweichenden Varianten. Der berichtet von der Stadt Theben im mittelgriechischen Böotien, die als Hauptstadt des

Böotischen Bundes und als Konkurrentin Athens auch historisch eine nicht unbedeutende Rolle spielte. Unter anderem gehören zu diesem Komplex die Sagen von Ödipus, Antigone oder von den Sieben gegen Theben – und die Sage von der Zeugung des halbgöttlichen Herakles, des größten Helden der Antike, durch den Göttervater Zeus/Jupiter mit Alkmene, der Frau des thebanischen Feldherrn Amphitryon.

Im Kern stellte die Geschichte ursprünglich eine Hierogamie dar, die heilige Verbindung von Göttern, bei den Griechen meist eines Gottes mit einer Sterblichen, ein religiöses Motiv, das sich im Orient wie im Mittelmeerraum bis hin zum Christentum finden lässt, wobei es letztlich um genealogische Legitimation geht. Anfangs, so bei Homer (8. Jh. v. u. Z.), Hesiod (um 700 v. u. Z.) und Pindar (522/18–438/32 v. u. Z.), war Amphitryon nur als eine Art Josefsfigur in Bezug auf Herakles von Interesse. Nimmt man verschiedene Versionen zusammen, schält sich das folgende Geschehen heraus: Dem Amphitryon, König von Troizen (Tiryns) war von Elektryon, seinem Onkel und Herrscher von Mykene und über die Landschaft Argolis, die einzige Tochter Alkmene versprochen worden, die als schönste und klügste unter den Sterblichen galt. Als Elektryon von den Söhnen des Pterelaos, dem Herrscher der Teleboer (Tapher), die Rinder geraubt und dabei seine eigenen Söhne erschlagen worden waren, übergab er Amphitryon die Herrschaft. Der brachte Elektryon das gestohlene Vieh zurück, tötete diesen dann im Zorn, aber versehentlich, weil es Streit um den Lohn gegeben hatte: Die Ehe mit Alkmene dürfe erst vollzogen werden, wenn der Tod ihrer Brüder an Pterelaos gerächt worden sei. Sthenelos, Elektryons Bruder, verbannte, auch um selbst die Macht übernehmen zu können, Amphitryon, der mit Alkmene nach Theben zu König Kreon flüchtete. Hier wusste er sich durch verschiedene Taten beliebt zu machen und bekam schließlich ein Heer, um gegen Pterelaos bzw. die Teleboer ziehen zu können. Nach Sieg und vollzogener Rache kehrte er heim zu Alkmene, um ihr beizuwohnen. Inzwischen jedoch war ihm Zeus, der beschlossen hatte, einen Heroen zu zeugen, wie ihn unter den Sterblichen noch keiner gesehen hatte, zuvorgekommen. Dass er dazu die Gestalt des Feldherrn angenommen hätte, davon war im Mythos noch keine Rede. In selbiger Nacht wurde Alkmene auch von Amphitryon schwanger und gebar Zwillinge: Herakles, den Halbgott und Sohn des Jupiter, und Iphikles, Nachkomme des thebanischen Feldherrn.

Damit hatte es in den ältesten Mythenversionen sein Bewenden, es ging um die Geschichte der göttlichen Abkunft des Herakles. Das änderte sich spätestens in den Überlieferungen seit dem 5. Jahrhundert v. u. Z. In der Epoche der großen attischen Tragiker schufen unter anderem Aischylos und Euripides eine »Alkmene« und Sophokles einen »Amphitryon«; von diesen sind fast nur die Titel bekannt. Eine tragische Konfliktkonstellation war dadurch gegeben, dass die mysteriöse Geschichte der doppelten Brautnacht ausgeschmückt worden war und in den Mittelpunkt des Interesses rückte. Jupiter nimmt nun die Gestalt des thebanischen Feldherren an, Alkmene wird unschuldig schuldig, d.h. sie ist Amphitryon untreu geworden, ohne es zu wollen; ihr Gatte muss sie mit Notwendigkeit des Betrugs verdächtigen.

Bei den verschiedenen Fassungen bzw. Bearbeitungen des Mythos, ob in epischer oder dramatischer Gestalt, zeichnete sich in der Folgezeit die Tendenz ab, die tragischen Aspekte des Plots eher auf Seiten Alkmenes, als Opfer des göttlichen Betrugs, hervorzuheben, die komischen hingegen – das Motiv des gehörnten Ehemanns – Amphitryon zuzuweisen. Zudem mehrten sich Anzeichen eines profanen Umgangs mit Göttern und Mythos.

Das erste und bis auf wenige Lücken vollständig überlieferte Beispiel dafür ist der »Amphitruo« von Plautus, mit seinem Drama begann etwa 200 v. u. Z. der Weg des Amphitryon-Stoffs in die Weltliteratur, und zwar als einzigem komischen Stoff aus dem antiken Mythos. Möglicherweise arbeitete er nach griechischen bzw. hellenistischen Vorlagen, insbesondere ist an die Mythentravestien der Mittleren und Neuen attischen Komödie zu denken, und er war sicher beeinflusst von den Possentraditionen der altitalischen Attellane und des von Sizilien stammenden Mimus. Die entscheidende Reduktion des Stoffes auf die Ereignisse um die verlängerte Nacht – keine Brautnacht mehr! –, in der Alkmene zweimal einen Amphitryon empfängt, sowie vor allem das Figurenpersonal gab seine Fassung vor, die dann die Nachfolger mehr oder minder variierten. Plautus führte Merkur als Assistenten und Quartiermacher des Jupiter und Sosias als Boten und Diener des Amphitryon ein. Mit der Konstellation Merkur – Sosias war ein Handlungsstrang gefunden, der die Konfrontation zwischen Jupiter und Amphitryon konterkarieren konnte. Das Auftreten des Sklaven – so wendet sich Merkur im Drama eingangs an sein Publikum – zeige, dass er als Gott vermöge, was eigentlich Tragödie sei, in eine Komödie zu verwandeln. Plautus spielte damit auf die sogenannte Ständeklausel an, nach der die tragische Fallhöhe Göttern, Helden und Königen, also Personen höheren Standes, vorbehalten war. Besonders im letzten Akt seiner »tragicomoedia« fehlen denn auch die komischen Töne, Alkmene hat gerade ihre Zwillinge geboren, tritt aber nicht mehr auf, dafür erscheint Jupiter als deus ex machina. Diese Theophanie löst schließlich alle Wirrungen, das Leid und die Verzweiflung des Protagonisten und seiner Frau infolge der göttlichen Täuschung, und die Vorgänge der Nacht werden mit der Verkündigung künftiger Heldentaten des Herkules gerechtfertigt.

Bei Molière, der auch auf die Komödie seines Landsmannes Jean Rotrou »Les Sosies« zurückgreifen konnte, wird 1668 aus der Vorlage des Plautus eine Komödie, in der tragische Vorzeichen kaum eine Rolle mehr spielen.

An Jupiter ist das Göttliche nur noch ein Attribut, das auf den hohen Stand des Verführers und Betrügers – im Grunde eine Don-Juan-Figur – verweist. Molière führt die Ehefrau des Sosias als neue Figur ein und schafft so eine Parallelhandlung, die die Kombination des Motivs des betrügerischen Doppelgängers mit dem des Ehebruchs auf der Dienerebene durchspielt. Alkmene verschwindet alsbald aus der Handlung und bleibt in der abschließenden Versöhnungsszene sprachlos, die Geburt des Herkules wird nur noch angekündigt und fällt aus der Handlung des Stücks, in dessen Mittelpunkt das Ehe- und Ehebruchsthema mit seinen erotischen Implikationen rückt: Die Unterscheidung zwischen Liebhaber und Gatten, die im Drama vorgenommen wird, kannte Plautus noch nicht. Dass Molières Version des Stoffes auf die Verhältnisse der Gesellschaft am Hofe Ludwigs XIV., des Sonnenkönigs, bezogen werden muss, ist offenbar.

Dryden, nach Hacks ein Vertreter der »jacobitischen Décadence«, wandelte auf Molières Spuren, er ersetzte 1690 die freien Verse seines französischen Vorgängers durch den Blankvers, einen fünfhebigen Jambus, und machte das Stück zu einer galanten Verführungskomödie, in der das Erotische und die frivol-sinnlichen Aspekte der Handlung genussvoll ausgespielt werden. Bezeichnend etwa ist, dass sich Merkur in die Ehefrau des Sosias verliebt. Kleist blieb in seinem »Amphitryon. Ein Lustspiel nach Molière« (1807) im Vergleich zu Dryden auf den ersten Blick dichter an der Vorlage. Er übersetzte den Text oft fast wörtlich und fügte nur wenig, vor allem eine Szene im zweiten Akt, hinzu bzw. veränderte kaum etwas daran (etwa in der Schlussszene mit der Präsenz Alkmenes) und behielt die Handlungsführung und Figurenkonstellation bei. Nicht Dryden geschuldet war, dass er den Blankvers für seine Fassung wählte, sondern vielmehr der Tatsache, dass dieser in der deutschen Literatur seit Lessings »Nathan der Weise« als *das* Versmaß des klassischen Dramas galt – vor allem seit Goethes »Iphigenie auf Tauris« (1779, Versfassung 1786) und Schillers »Don Karlos« (1787).

Dennoch sind durch Kleists Modifikationen die inhaltlichen Akzente deutlich verschoben, Alkmene wird zur eigentlichen Heldin – mit tragischen Zügen. Was ihr mit dem Doppelgänger ihres Gatten und mit diesem selbst widerfährt, führt zu schwerer Gefühlserschütterung, zu Zweifel an sich selbst, an ihrer Weltwahrnehmung, an dem, was Sprache vermitteln kann. Diese Verstörung kann Alkmene nur in dem berühmten, ungezählte Male interpretierten Schlusswort des Dramas artikulieren: »Ach!« So vertiefte Kleist die Geschichte von den zwei Amphitryonen in Richtung des romantischen Doppelgängermotivs, das die Gewissheiten der Wahrnehmung der Wirklichkeit und der eigenen Identität in Frage stellt. Seine Version des »Amphitryon« gewann im Philosophischen und Psychologischen, aber auch in der Verbindung von Komik und Tragik, eine neue Qualität.

III

Was zeichnet nun Hacks' Version aus? Dass der Dichter das Stück auch im Blankvers schrieb, verstand sich für den hohen Formanspruch der neuen – sozialistischen – Klassik von selbst, ein, wenn nicht *der* Maßstab für die neue Klassik war die Weimarer. Auch Goethes »Iphigenie auf Tauris« und »Torquato Tasso« haben ja den Blankvers (ursprünglich beide in Prosa geschrieben), es sind außerdem Fünf-Personen-Stücke, und sie haben die Form des aristotelischen fünfaktigen Dramas. Hacks nutzt, wie Kleist, wie Molière, die dreiaktige Variante dieser geschlossenen Dramenform, freilich ohne Einteilung in Szenen, und das Figurenpersonal ist auf den Umfang der Goetheschen Vorbilder reduziert. Das Stück befolgt das aristotelische Dramenprinzip der Einheit von Handlung, Ort und Zeit – die Dehnung der Letzteren durch die Verlängerung der Nacht hatte es schon in der antiken Vorlage möglich gemacht, den Zeitrahmen bis zur Geburt der Zwillinge Alkmenes auszuweiten. Aber in der strengen Form folgte Hacks auch dem Zeitgenossen und einzigen ernsthaften Rivalen in der DDR-Dramatik, Heiner Müller. Über dessen »Philoktet« (1964/65) hatte er geurteilt: »Diese vollkommene Tragödie ist von vollkommener Bauart und in vollkommenen Versen verfaßt«, und er hatte den Blankversgebrauch schon in dessen »Umsiedlerin« analysiert, offensichtlich künstlerisch herausgefordert. Hacks' Blankvers, er sprach auch vom »dialektischen Jambus«, seine Sprachbehandlung in der Spannung zwischen Metrum und Satz, sind denn auch von der Kritik beinahe einhellig für ihre Virtuosität, Brillanz und Leichtigkeit gelobt worden. In manchen Passagen erinnert das an Kleists »allmähliche Verfertigung der Gedanken beim Reden« und scheint sie noch überbieten zu wollen, die spielerisch-bildhafte Sprache auch an Goethes Vers. Veralteter Sprachgebrauch mischt sich mit sehr gegenwärtiger Umgangssprache und selbst Vulgärem, der teils extrem zerklüftete Satzbau gewinnt seine Verständlichkeit erst im Rhythmus des Verses, eine Herausforderung an die Sprechkunst der Schauspieler.

Der Mythos ist für Hacks Material, aber kein Gegenstand der Entlarvung historischer oder ideologischer Begrenztheit wie bei Brechts Umfunktionierung literarisch vorgegebener Texte bzw. Stoffe. »Der dauernde Wert einer Mythe hängt nicht ab von ihrer ursprünglichen Bedeutung«, so Hacks in einem Aufsatz über Goethes »Iphigenie«, wir begreifen »die Bilder der magischen Epoche nicht historisch, sondern poetisch. Das Abgebildete ist vergangen, die Abbildungen blieben; und wir erkennen uns, obgleich sie nicht von uns gemacht sind, in ihnen wieder.« Der poetische Umgang mit ihnen ziele auf den »utopischen Akt der Menschlichkeit«. So sind die Grundzüge der Amphitryon-Fabel bei ihm erhalten geblieben, er veränderte deutlich weniger als etwa Jean Giraudoux in seinem »Amphitryon 38« (1929) – der

Titel war eine Anspielung auf die Vielzahl der Stoffbearbeitungen – oder Georg Kaiser in »Zweimal Amphitryon« (1943); gleichwohl setzte er neue Akzente. Die Handlung reduziert sich fast gänzlich auf die lange Nacht. Das Motiv der Zeugung von Herakles und Iphikles entschwindet völlig – interessanterweise sind die Zwillinge aber Hauptfiguren von Hacks' Komödie »Omphale« (1970), in der es um die Problematik herkömmlichen männlichen Rollenverständnisses geht, vielleicht auch, weil im »Amphitryon« in Bezug auf das Geschlechterbild, wie auch generell beim Dichter, mehr als nur einige Fragen offen bleiben. Was bei Hacks verstärkt wird, ist das Vorzeigen des Spielcharakters des Dramas, das Vorzeigen des Theaterhaften, das seit Plautus für den dramatischen Umgang mit dem Stoff charakteristisch war, so, wenn Merkur sich beim römischen Theaterdichter eingangs in seiner Publikumsanrede als ein wahrer Theatergott verhält: wie ein Autor, der das Spiel letztlich bestimmt. Die Theatermaschinerie – die Nacht als Vorhang etwa – wird vorgeführt; oder Merkur versucht mit Jupiter wie ein Regisseur die erste Begegnung mit Alkmene einzustudieren.

Einen völlig neuen Charakter bekommt Sosias. Die typische Sklaven- bzw. Dienerfigur mit ihrem Potenzial als Opfer derber (Bühnen-)Späße wird zum Philosophen, wobei bestimmte Züge der Figur schon bei Plautus, Molière und vor allem bei Kleist angelegt gewesen sind. Sosias verkörpert allerdings einen Typus des Philosophen, dessen Philosophieren Opfersein und Nichtaktivität verinnerlicht und mit einem ganzen Begründungsapparat versehen hat. Es ist nicht einfach, dieser Figur gerecht zu werden, die in ihren Argumentationsketten die halbe Philosophiegeschichte zu Hilfe nimmt, jene Seite der Philosophie, der des Autors ganze Geringschätzung galt. Hinsichtlich der Antike sind das erkennbar Sophistik, Skeptizismus und kynische Philosophie, aber auch der frühe Materialismus, z. B. die Atomistik; in Bezug auf die Philosophie der Moderne die Identitätsphilosophie Fichtescher Prägung, Phänomenologie, Subjekt- und Sprachphilosophie des 20. Jahrhunderts. Es kann hier nur angedeutet werden, welche Bezüge die Figur des Sosias noch eröffnet. Zum einen verweisen Haltungen wie Argumentation auf die literarisch wie philosophisch tradierte Herr-Knecht-Dialektik, zu denken wäre an Diderots »Jacques der Fatalist« (1773) oder das entsprechende Kapitel in Hegels »Phänomenologie des Geistes« (1806). Sosias' Bedürfnisse, Überleben, Essen und Schlafen, widerspiegeln eine plebejisch beschränkte Interessenlage, wie auch andere Figuren in Hacks' Dramen. Und es ist an Brechts Typus des Tui zu denken, die Verkörperung des in seinem Philosophieren folgenlosen, an das Bestehende keine wirklich kritischen Fragen stellenden spätbürgerlichen Intellektuellen, mit dem er sich mit Blick auf die westliche Kulturszene zuletzt in »Turandot oder Der Kongress der Weißwäscher« (1954) beschäftigt hatte. Mit Sicherheit zielt die Figur aber auch auf jene von Hacks verachtete marxistische Schul-, Universitäts- und Staatsphilosophie, die mit ihrem Vulgärmaterialismus und Verzicht auf Dialektik und analytische Schärfe allein als Begründungs- und Legitimierungswissenschaft des real existierenden Gesellschafts- und Staatswesens diente und nicht in seinem Sinne die Frage nach Veränderungsmöglichkeiten hin zu Besserem stellte.

Es ist von der Figurenkonzeption her nicht unproblematisch, dass der Hackssche Sosias zum Gegenstand der Verachtung wird und, anders als seine Vorgänger, kaum Mitleid erweckt. Das wird aufgehoben zum Beispiel dadurch, dass Merkur an seinem Quietismus scheitert, als er versucht, mit ihm seine seit Plautus üblichen Spiele zu treiben, und selbst Jupiter weiß sich am Ende (Sosias bleibt im dritten Akt fast bis zum Finale in der Handlung) argumentativ nicht mehr zu helfen. Die Entrückung, die Apokynosis des Philosophen als Hundsstern an den Fixsternhimmel bedeutet nicht nur eine Verewigung solcher praktischen wie philosophischen Haltung, gewissermaßen als anthropologische Konstante und philosophiehistorische Grundausstattung. Sie ist auch Kapitulation vor dem Typus, der intellektuell im doppelten Wortsinn nicht zu fassen ist und der in seinem Opportunismus, seiner Charakter- und Bedürfnislosigkeit – für ihn ist, auch wegen der Aufregungen und Anstrengungen, die mit Liebesdingen verbunden sind, schon eine Ehefrau zu viel, weswegen sie Hacks gestrichen hat – die Gegenfigur zu dem darstellt, was Essenz des Dramas ist: Erfüllte Liebe und Sinnlichkeit, bei Hacks ästhetisch als Ideal, als Utopie begriffen, vermögen, wenn man sich ihrer bewusst bleibt, auf den Weg zu Selbsterkenntnis und letztlich zu humaner Selbstbestimmung zu bringen.

Dafür steht im Drama zuallererst Alkmene. Wie bei Kleist wird sie zu einer Hauptfigur, anders als bei Kleist hat sie keine tragischen Züge. Genau besehen ist sie für die Täuschung und Verführung durch Jupiter bereit – und deswegen weder Opfer des Schicksals noch passives Objekt männlichen Begehrens. Das zweite Mal geht sie, das unterscheidet die Hackssche Heldin von ihren Vorgängerinnen, bewusst mit dem Gott zu Bette, den es sogleich wieder in seine göttliche Gestalt treibt. Der nunmehr wissentliche Ehebruch meint, dass sie sich, vor die Wahl gestellt zwischen den gleich erscheinenden, aber keineswegs gleichen Amphitryonen, dem Liebhaber und dem Gatten, klar für Ersteren entscheidet. Dass ihre Wahl im Rahmen einer »postrevolutionär« begründeten Komödienauffassung, die geschichtsphilosophisch wie ästhetisch vor dem Hintergrund von Hacks' weltanschaulich-politischer Entscheidung für die DDR und den Sozialismus gesehen werden muss, nicht einfach eine individuell-zufällige ist, war oben angedeutet worden. Alkmenes Entschluss für die Liebe bedeutet die Entscheidung für die kritische Beunruhigung, gegen das Sichabfinden mit mangelhaften Verhältnissen und Zuständen, und somit ist sie, bezogen auf den realen Sozialismus, auch politisch zu verstehen. Die Frage, ob das diese klassisch geformte Neubearbeitung eines Mythenstoffes wirklich leistet, ist, wie erwähnt, bereits früh und sie ist wiederholt gestellt worden. Wäre dann der große Erfolg im Westen nur als Missverständnis zu erklären? Oder handelt es sich bei Hacks' »Amphitryon« genau genommen nur um eine sozialistisch-klassizistische Boulevardkomödie?

Gerade einiger Widersprüchlichkeit der Figurengestaltung der Alkmene lohnt es diesbezüglich nachzugehen. Auffällig ist, dass die sich in Liebes- und Ehedingen im Verlaufe des Dramas so energisch emanzipierende Heldin dennoch in einer äußerst konventionellen, an Schillers »Würde der Frauen« gemahnenden Hausfrauenposition befindet, wie Amphitryon ihr und Jupiter gegenüber im letzten Akt deutlich macht. Wenn dies möglicherweise dem Stoff geschuldet ist, so wird es doch nicht einmal ansatzweise problematisiert, wie bei Hacks' sonstigen Verfahren im Drama, bestimmte Handlungsmotive seiner Vorläufer parodistisch zu spiegeln oder umzukehren, zu erwarten wäre. Damit aber fällt die Alkmene-Figur hinter für die damalige DDR-Literatur (und -Wirklichkeit) geläufige Standards des Frauenbildes zurück, als Gegenstück sei Heiner Müllers »Weiberkomödie« (1971) nach einem älteren Hörspiel von Inge Müller genannt, worin unter anderem vorgeführt wird, dass die aus ökonomischen Gründen hohe Frauenbeschäftigungsrate in der DDR deutliche Effekte für das weibliche Selbstverständnis hatte. Eher entsprach Alkmene der – bis heute keineswegs überholten – Position von Frauen im Westen und dem dazugehörigen Geschlechterrollenverständnis. Die Figur war andererseits über das Liebesmotiv im Kontext von 1968 anschließbar an aktuelle emanzipatorische Diskurse um die befreiende Wirkung des Eros, man denke beispielsweise an das Werk Herbert Marcuses und seine Rezeption. Andere kritische Züge der Alkmene bei Hacks, von der Figurenanlage, von der Konfliktlösung her oft nicht deutlich gesehen und auch vom Handlungsablauf überspielt, sind die Herzlosigkeit ihrer Entscheidung für Jupiter ihrem Gatten gegenüber, der fast völlige Mangel an Zweifel oder Gewissensqualen – erst ganz am Schluss beginnt sie sich Fragen zu stellen; die Differenz zur Kleistschen Alkmene ist groß. Dahinter stehen, kaum intendiert, aber für moderne Lesarten mit Blick auf Genderforschung oder den heutigen Stand der Dinge zwischen den Geschlechtern ein sehr greifbarer Anknüpfungspunkt, weiblicher Narzissmus und weibliche Selbsttäuschung. Alkmene pflegt ihren Gatten als Gott anzureden (was Jupiter auf sie aufmerksam gemacht hat) – und unter dem, als sich die Gelegenheit bietet, macht sie's dann nicht. Die Spannung zwischen ihrem Männerbild – schließlich hat sie sich ehemals ja auch einen Feldherrn als Liebsten auserkoren – und der Realität ist nicht nur ein Problem männlichen Versagens oder Amphitryons bieder-funktionaler Auffassung der Institution Ehe. So ist es auch ein wenig trügerisch, wenn sie sich als Figur in der Komödie am weitesten bewegt und im Unterschied zu ihren beiden Männern in allen Situationen völlig bei Sinnen zeigt. Mit einem Gott (oder seinem Bild) kann kein Mann mithalten. Jupiter ist aus dieser Sicht das, was Alkmenes unbewusster Erwartungshaltung entspricht – nur so ist zu erklären, wie schnell sie sich ihm hingibt, obwohl sie doch ahnt, dass es bei dem vorgeblichen Amphitryon nicht mit rechten Dingen zugeht.

Jupiter, der Gott: Nach Hacks ist er »die Zusammenfassung und Verkörperung aller menschlichen Vermögen; dann erscheint er als der vollkommene Mensch unter den wirklichen Leuten [...] Dann stört und fördert er die Welt, so wie menschliche Vollkommenheit allzeit die Welt.« Verkörperungen von Idealität und Vollkommenheit sind, wie man weiß, meistens langweilige, ästhetisch blasse Charaktere, anders Hacksens Jupiter? Es entbehrt nicht einer gewissen Pikanterie, dass ein so konzipierter Gott zudem mit dem DDR-Erziehungsideal jener Jahre, dem von der »allseitig entwickelten sozialistischen Persönlichkeit«, in Verbindung gebracht werden muss. Die Komik der Figur erwächst aus dem Konflikt mit der nicht idealen Realität, mit dem Menschlich-Allzumenschlichen, vor allem aus der Art und Weise, wie sich Jupiter vom Irdisch-Menschlichen tangieren lässt. Jupiter muss sich im ersten Akt erst mühsam in den Leib des Amphitryon zwängen und widerstrebend in seine Verhaltensweisen, indem er sie mit Merkur einübt. Zu Merkur ist an dieser Stelle zu sagen: Er, der Theatermaschinist Jupiters, ist als Gott erstaunlich unvollkommen; zu sehr nimmt ihn seine Gottesexistenz von sich selbst ein und macht ihn borniert. In seiner Unbeweglichkeit und seinem Unwillen, neue, irdische Erfahrungen zu machen oder an Erkenntnissen zu gewinnen, ähnelt er Sosias – und scheitert im Gegensatz zu seinen dramatischen Vorgängern an diesem, denn wer Existenz und Denken auf das Schlimmstmögliche eingerichtet hat, ist nicht mehr aus der Bahn zu werfen. Auch in anderen Komödien von Hacks, so im »Tassow« oder in »Adam und Eva«, lassen sich beschränkte Vertreter und Lobredner der reinen Lehre, hier: der wahren Götterexistenz, typische »Zweite« hinter den großen Männern (nach André Müller) finden, ob diese nun Könige oder Parteisekretäre sind, die gerne den Druck von oben nach unten weitergeben. – Der Kenner weiß, dass Hacks in der Eingangsszene, der Einzwängung Jupiters in den Amphitryon-Leib, von Giraudoux profitiert hat (die Praxis von Dichtern, zu verschweigen, bei wem sie sich bedient haben, hat Hacks später in einem Essay am Beispiel Büchners demonstriert) und dass sie zugleich die bei den Vorgängern so theaterwirksame Szene konterkariert, in der Sosias den Bericht über die Teleboer-Schlacht einübt, an der er nicht teilgenommen hat, ein Auftritt, den Hacks nicht mehr brauchen kann. Vom Allzumenschlichen, in der Gestalt des Sosias, kann Jupiter sich im ersten Akt noch fernhalten, mit der Hilfe Merkurs. Von besonderer Komik ist es, dass er im dritten Akt bei der Konfrontation mit diesem Geist, der nicht alles verneint, sondern alles zerredet und bei dem »Identitätszweifel [zu] Identitätswurschtigkeit geworden« ist (Heidi Urbahn de Jauregui), nur mühsam Contenance bewahrt. Auch Alkmenes neu gewonnener Bestimmtheit begegnet Jupiter im dritten Akt eher defensiv. Unübersehbar ist die phallische Disposition des Gottes. Der Hervorbringungslust des Weltenschöpfers korrespondiert seine Lust auf die Erdenweiber. Und wenn seit dem 3. Earl of Shaftesbury der Künstler als »zweiter Schöpfer« gesehen werden kann, so erfreut Jupiter als Bettkünstler Alkmene.

Dafür ist Hacks von konservativeren Gemütern erotischer Freigeisterei und der Amoralität geziehen worden, wogegen sich andere Kommentatoren zu der Erkenntnis bringen ließen, Sex sei sozialistisch. Dass man die Gestimmtheit der Figur auf ihren Erschaffer beziehen kann, dafür hat dieser selbst gesorgt. Einmal durch Anekdoten über des Dichters Liebesleben und seinen Umgang mit ihm nicht angetrauten Frauen, überliefert von einer Dame namens Pasiphaë, hinter der sich niemand anderes als Hacks verbirgt. Zum anderen durch die besonders in seiner Essayistik nicht zu übersehende Selbststilisierung als führender, souveräner Dichter und Denker – und also als Genie. Kommt von daher das Paternalistische der Jupiter-Figur? Diesem – positiv verstandenen – Störenfried, diesem Beunruhiger, der die Dinge in Bewegung bringen (oder halten) will, fehlt, im Unterschied zum Jupiter Kleists, jeder Zweifel, jedes Gefühl für Defizite einer Götterexistenz. Und das, obwohl er sich im dritten Akt nach der Auseinandersetzung mit Amphitryon, den er eben durch Alkmenes Bekenntnis zum Gott als gehörnten Ehemann regelrecht vorgeführt hat (und dem als Trost nicht einmal die Ankündigung der Herakles-Geburt bleibt), sowie nach einigen Grandiositätsgesten als Göttervater aus der Affäre zieht, ja stiehlt, die er angezettelt hat, mit den viel zitierten beiden Schlussversen, und zwar in olympische Gefilde, nach oben. Er geht ab, als es konkret wird und schwierig. Sein Handeln erscheint auch als das eines rücksichtslosen, egomanischen Charismatikers. Das verweist auf eine Leerstelle der Jupiter-Figur wie des Dramas: Jupiter ist schlechtweg jemand, der die Macht hat *über* andere. Der Dialektiker Hacks, und das betrifft seinen Politikbegriff, der sich nicht zuletzt in den Konfliktanlagen und Konstellationen seiner Dramen erkennen lässt, sah Macht, insbesondere in Bezug auf realsozialistische Verhältnisse, relativ eindimensional als (historische) Chance, Gutes zu tun, von oben, für andere. Dahinter darf man nicht zum wenigsten die doppelte Königsperspektive eines Dramenschreibers vermuten: als Schöpfer seiner Figuren und als jemand, der vom dramaturgisch-charakterlichen Potenzial der Königsfiguren weiß.

Es ist hier nicht der Ort, ausführlicher über die Hackssche Verknüpfung von Geschichtsteleologie mit historischem Dezisionismus (der für den Dichter, wie erwähnt, auch eine ganz entschiedene biografische Entscheidung war) zu reden, jedenfalls befand er sich damit auch in Übereinstimmung mit der offiziellen marxistisch-leninistischen Doktrin von der Diktatur des Proletariats. Gemessen daran, verhält sich Jupiter nicht verantwortungslos und unreif? Und sollte sein Spiel gelobt werden, wie er es am Ende fordert?

Amphitryon, die nominelle Hauptfigur der Komödie, dürfte dazu kaum Gründe finden. Im Wesentlichen wird dem thebanischen Feldherrn, der sich in seinem Leben, in seiner Karriere an einem Wendepunkt befindet, mitgespielt, nicht nur von Jupiter, der dies ausnutzt, sondern auch von Alkmene. Bezeichnend: Er tritt als Protagonist erst im zweiten Akt auf, wird aber bereits im ersten für den Zuschauer eingeführt, über Merkur mit seinem Merkbüchlein, die Reflexionen des Sosias und das Verhalten seiner Gattin. Das ist, wie das meiste in diesem Werk, dramentechnisch virtuos gemacht. Gewiss sind seine Auffassungen von der Ehe als Institution verknöchert, sein Pflichtbegriff starr (er ist ein Preuße hier, wie Kleist – und Hacks), sein Denken und Verhalten borniert, von Liebe weiß er wenig, obgleich er doch einmal ein Verliebter gewesen ist. Jedoch ist er der Einzige im Stück, der Zwängen ausgeliefert ist, einer Welt des Broterwerbs, einer Welt des »Müssens«, wie sich Sosias mokiert. Dass die Ausübung seines militärischen Geschäfts ihn als Kriegsverbrecher qualifiziere, wie ein Kritiker urteilte, ist, allein in Rücksicht auf den Stoff, schlichter Unsinn. Von der Anlage der Komödie her besteht gleichwohl die Gefahr, ihn anfangs zu negativ, zu dümmlich zu interpretieren, so dass er es nicht anders verdient, als von Alkmene betrogen zu werden. Die Erfahrung, die er im zweiten Akt in der Begegnung mit der eben von einem anderen beglückten Gattin machen muss (dramenstrukturell ist hier die Klimax zu verorten), ist in den Missverständnissen und Wendungen des Dialogs und mit den Einwürfen des Sosias für den Zuschauer höchst komisch und unterhaltsam, für ihn ist sie erschütternd. Die Spiele, die Merkur und Jupiter im dritten Akt mit ihm treiben, sind in den szenischen Doppelungen und Doppeldeutigkeiten kunstvoll und höchst anspielungsreich – vor allem in Bezug auf Kleist – konstruiert, im Hinblick auf die Hackssche Komödienkonzeption sind sie ästhetisch, ja pädagogisch intendiert. Doch, rechnet man die fast brutale Art und Weise, wie Alkmene ihn erotisch aus dem Spiel wirft, hinzu, dann ist der Umgang mit ihm fast sadistisch. Der Satz Jupiters, dass des Helden Leiden offenbar sein Denken befördere, gehört dazu. Tatsächlich aber gewinnt Amphitryon im dritten Akt an Statur wie niemand sonst im Drama, wie und was er Alkmene und Jupiter entgegnet, das hat Hand und Fuß und lässt seine Gegenüber nicht unbeeindruckt. Er wirft dem Gott vor, bei seinem leichthändigen, von Erdenschwere ungedrückten

Agieren habe er gut reden, und dessen argumentative Verknüpfungen von Kosmogonie und Verführerdiskurs, vorgebracht noch dazu im Hochgefühl sinnlichen Beglücktseins, enthüllt er ihm als das, was sie auch sind: Dreistigkeit eines Schwerenöters. Selbst der göttliche Appell, es ginge vor allem anderen darum, Mensch zu sein, rückt in der Perspektive von Amphitryons Erwiderungen in die Nähe abstrakter Worthülsen, von Phrasen.

Der oft hervorgehobene offene Schluss des Dramas bietet keine Lösung, er hinterlässt die Ehegatten ratlos, die Ratschläge und Schlussverse klingen im Verhältnis zu der Situation, in der sie ihre Ehe kitten müssen, nun ja: läppisch. Der göttliche Ehebrecher entweicht ohne Knalleffekt, die Menschen sind, zumal sich wieder einmal die Nacht herabsenkt, auf sich selbst verwiesen.

Hacks' »Amphitryon«, sprachlich und dramentechnisch eines der kunstvollsten und spannendsten Dramen der deutschen Sprache in der zweiten Hälfte des 20. Jahrhunderts, eine der großen Komödien der deutschen Literatur, sehr philosophisch wie literarisch-ästhetisch eine Herausforderung, ist in letzter Zeit nicht häufig gespielt worden, schon gar nicht auf großen Bühnen. Im Zeitalter des sogenannten Regietheaters verfügt das Stück über literarische Qualitäten als *Text*, die es häufig als nicht mehr spielbar oder rezipierbar erscheinen lassen, sieht man von Vorurteilen gegen den Autor einmal ab. Eine Inszenierung als Boulevardstück, das das Ehebruchthema im mythologischen Gewand vorführt, unterliefe den Gehalt des Hacksschen Werkes: käme es denn darauf an. Spannend zu lesen und zu inszenieren ist der »Amphitryon«, wenn man über die Brüche in den Figurenkonzeptionen, die Widersprüche in der Konfliktanlage, die aus der Entstehungsgeschichte und dem Entstehungskontext sowie den Intentionen des Autors erwachsen sind, nicht hinweggeht. Der Dramenschluss zumal verweist auf den nicht eben übersichtlicher gewordenen Stand der Dinge im Verhältnis zwischen den Geschlechtern im gegenwärtigen postpatriarchalen Zeitalter. So kann sich die Komödie als zeitgemäß erweisen, als modern – und höchst unterhaltsam sowieso.

Ausgewählte Literatur

Allgemeines

Horst Laube: Peter Hacks. Velber bei Hannover 1972.

Heidi Ritter: Vom »aufklärerischen« zum »klassischen« Theater. Untersuchungen zum Traditionsverhältnis in den Dramen von Peter Hacks. Diss. Halle 1976.

Winfried Schleyer: Die Stücke von Peter Hacks. Tendenzen, Themen, Theorien. Stuttgart 1976.

Peter Schütze: Peter Hacks. Ein Beitrag zur Geschichte des Dramas. Antike und Mythenaneignung. Mit einem Originalbeitrag von Peter Hacks »Der Fortschritt in der Kunst«. Kronberg/Ts. 1976.

Christoph Trilse: Das Werk des Peter Hacks. Berlin 19812.

Andrea Jäger: Der Dramatiker Peter Hacks. Vom Produktionsstück zur Klassizität. Marburg 1986.

Roland Weber: Peter-Hacks-Bibliographie. Verzeichnis aller Schriften von und zu Peter Hacks 1948 bis 2007. Mainz 2008.

Zum »Amphitryon«

Volker Riedel: »Amphitryon« bei Kleist und Hacks. Traditionsbeziehungen in Peter Hacks' Komödie »Amphitryon«. In: Impulse 3 (1981), S. 153–176.

Heidi Urbahn de Jauregui: Zu »Amphitryon«, einer Komödie von Peter Hacks. In: Amphitryon. Ein griechisches Motiv in der europäischen Literatur und auf dem Theater. Hrsg. von Max Kunze, Dieter Metzler und Volker Riedel. Münster / Hamburg 1993, S. 63–68.

Volker Riedel: Zwischen Tragik und Komik. Zur Geschichte des Amphitryon-Stoffes von Hesiod bis Hacks. In: Amphitryon. Ein griechisches Motiv in der europäischen Literatur und auf dem Theater. Hrsg. von Max Kunze, Dieter Metzler und Volker Riedel. Münster / Hamburg 1993, S. 9–23.

Ingeborg Scholz: Amphitryon. Variationen eines poetischen Stoffes in den Komödien von Plautus bis Hacks. Interpretationen und Anregungen zur Unterrichtsgestaltung. Hollfeld 1997.

Justus Fetscher: Zwischen Sklavenmoral und göttlichem Auftrag. Peter Hacks' »Amphitryon« als dialektisches Spiel von der Rolle des Menschen. In: Inszenierte Antike. Die Antike, Frankreich und wir. Neue Beiträge zur Antikenrezeption in der Gegenwart. Hrsg. von Henry Thorau und Hartmut Köhler. Frankfurt a.M. u.a. 2000, S. 235–254.

Inhalt

Bibliographische Information der Deutschen Nationalbibliothek

Die Deutsche Nationalbibliothek verzeichnet diese Publikation in der
Deutschen Nationalbibliographie; detaillierte bibliographische Daten
sind im Internet über *http://dnb.d-nb.de* abrufbar.

ISBN 978-3-359-02503-0

© 2010 Aurora Verlag, Berlin
Umschlaggestaltung: Buchgut, Berlin, mit Andreas Töpfer
Druck und Bindung: CPI Moravia Books GmbH

Ein Verlagsverzeichnis schicken wir Ihnen gern:
Eulenspiegel · Das Neue Berlin Verlagsgesellschaft mbH & Co. KG
Neue Grünstr. 18, 10179 Berlin

Die Bücher des Aurora Verlags erscheinen
in der Eulenspiegel Verlagsgruppe.

www.aurora-verlag-berlin.de